陶芸実践講座

くらしの器を作ろう

百田輝 監修・「炎《ほのお》芸術」特別編集

陶芸実践講座

くらしの器を作ろう

撮影・小山幸彦、中居中也、野村知也　取材・大野響子

はじめに

小社刊行の陶芸技法書には、初心者・初級者向けの「はじめてシリーズ　陶芸入門」、初級者から中・上級者向けの「陶芸裏技マニュアル」シリーズ、中・上級者向けの「陶芸実践講座」シリーズがラインナップされています。

本書は「陶芸実践講座　陶芸家と作る茶碗と酒器」に続く第2弾「くらしの器を作ろう」となります。「くらしの器」とは、食器や酒器や照明器具などの生活道具ですが、本書では既製の食器や酒器にとらわれない、現代感覚にあふれたユニークな器作りを紹介します。

本書の講師は、独特な感覚の食器作りでプロの料理人からも注目されている現代陶芸家の百田輝氏です。特に高級料理店で使われている百田氏の食器は、いわゆる伝統的な和食器の形態や模様のものではなく、逆にその器に合うような料理を作ってみたいと料理人を刺激するような作品なのです。常識に囚われない感覚と、使いやすさを常に考えている百田氏の器作りは、きっとあなた自身の器作りの良きガイドとなってくれるでしょう。

本書は、小社刊行の陶芸誌『炎芸術』に連載した記事「作陶実践講座　暮らしの器を作る」と講師・百田輝氏の紹介記事を別冊技法書『くらしの器を作ろう』として一冊にまとめたものです。

（初出掲載）

・「フォーカス・アイ　百田 輝」（117号　2014年2月1日刊）
・「作陶実践講座　第1回　コーヒータイムの器」（110号　2012年5月1日刊）
・「作陶実践講座　第2回　ホームパーティーの器」（111号　2012年8月1日刊）
・「作陶実践講座　第3回　酒を楽しむ器」（112号　2012年11月1日刊）
・「作陶実践講座　第4回　耐熱の土鍋」（113号　2013年2月1日刊）
・「作陶実践講座　第5回　香りと灯りの器」（114号　2013年5月1日刊）
・「作陶実践講座　第6回　掌で愛でる蓋物」（115号　2013年8月1日刊）
・「陶芸のある暮らし　四季の陶芸　第8回　無国籍な和の器」（98号　2009年5月1日刊）

彩陶刻文四方皿
高4.0　幅34.5　奥行32.0cm　2013年
撮影／野村知也（6〜8頁）

講師紹介

百田 輝

MOMODA Hikaru

1961年徳島県生まれ。88年東京芸術大学大学院陶芸専攻修了。渡欧し、スペイン・バルセロナを拠点にヨーロッパ・中央アメリカ20カ国を回る。90年帰国。埼玉県朝霞市「丸沼芸術の森」にて作陶開始。93年使ってみたい北の菓子器展優秀賞。2000年横浜市に築窯。05年第45回伝統工芸新作展東京都教育委員会賞。08年第7回益子陶芸展濱田庄司賞。

彩陶刻文壺
高41.5　径17.0cm　2013年

彩陶刻文段付角壺
高25.0　幅14.5　奥行15.0cm　2013年

香合　左(最小):高3.0　径4.0cm　2013年

視覚を解放し、料理とセッションする——百田輝の器

外舘和子

百田輝の器が料理人たちの人気を呼んでいる。天ぷらの「みかわ」、日本料理の「かんだ」、寿司の「青空《はるたか》」など、特に和食系の高級料亭で使われることが多いようだ。

しかし、この作家の器は一見したところ、形の上でも、模様の上でも、規格に沿った、いかにも使い勝手のよさそうな食器というわけではない。

例えば、そのフォルム。どこか朴訥《ぼくとつ》とした土ものらしいラインを持つ板皿。あるいは、何を入れるか必ずしも特定しない小振りの蓋物の底には、あえて不揃いの〝脚〟が三つついている。同心円の画一的な形態を避けるように、轆轤よりは手捻りを好む。黙々と土を積み上げてできる、どこか土着的な雰囲気を持つアウトラインで成立している形なのである。形態を考える際、方向性を探るスケッチはするものの、最終的な姿形は成り行きによるのだという。

模様も至って奔放である。紙の上で図案を検討することは、ほとんどないらしい。成形し終えた形を眺めたところで、極めて感覚的にフリーハンドの抽象模様を入れていくのである。テクスチャーのある白と、アースカラーとを対比させた、大きく不定型な色面の交錯。さらに、分割された色面の上や脇を遊ぶように走る線象嵌。色数は三、四色程度に抑え、土ものの空気を消してしまわないように仕上げていく。模様は、ごく自然に器の外から内へとつながり、一体感のある世界を形成している。何か特定のモチーフをイメージさせることなく、半幾何学的な、しかし必ずしも合理的に整理してしまわない模様を伴う、遊び心と余裕が窺われる器である。化粧土、釉薬、象嵌、上絵と、手間や手数は厭わないが、技術を誇示することはしないのだ。

1961年徳島生まれの百田は、絵付けのやきものの伝統ある東京芸術大学および大学院に学んでいる。当時の教師陣は、色絵磁器の藤本能道、鉄絵の田村耕一ら、錚々《そうそう》たる顔ぶれであった。しかし、分かりやすい具象の絵付けに対しては疑問を抱いていた。具象的、絵画的な世界なら、「陶磁器よりも紙に描いた方がいいのではないか」と思った。一方で、アメリカの画家サム・フランシスのにじみを活かす表現や、ウィレム・デ・クーニングなど、枠にはまらないタイプ、抽象表現主義的な傾向に惹かれた。やきものなら桃山陶も百田にとっては自由奔放な楽しい世界である。形も模様も既成の概念を壊していくような面白さを感じている。桃山陶は茶陶で知られるが、食器の可能性を豊かに開花させた時代のやきものでもある。器が料理に従属するのでなく、料理と器が互いに主張し合いセッションするあり方を百田の器にも見ることができる。

百田に限らず、東京芸大の出身者に食器を手掛ける作家が少なくないのは、浅野陽の影響が大きいだろう。百田もまた、とりわけ食器を得意とし、圧倒的な仕事量を示した浅野陽を尊敬している。陶磁器の模様を考案するにも、浅野はその場で写生するのではなく、見て帰ってきてから記憶に残ったものを描いてみるよう、指導したという。作家曰く「例えば一枚の葉が風で揺れたような感じを捉えて模様にするのなら、（藤本能道より）浅野先生の方が断然上手《うま》いと思う」

但し作家は学生時代、決して師に従順に、素直に食器制作に取り組んだ訳ではなく、むしろ手捻りで様々なオブジェを試みる学生であった。浅野に可愛がられたのは、気質、体質にどこか相通じるものがあったのではないだろうか。食を楽しみ、日常を謳歌する師・浅野から、百田は鳥《とり》のさばき方を褒められ、料理人になることを勧められたりもしたという。

卒業後、百田は彫刻の勉強を目的にスペインに渡るが、大学で勉強するより、あちこち見て歩くことに時間を割いた。ガウディは勿論、バロックやロマネスクの建築物、美術館や自然系の博物館など、興味の赴くままに二十カ国を訪れている。

百田の作品世界は、無国籍な気分を漂わせるとともに、例えば文字言語と絵画的表象の境界が曖昧だった時代のような、どこかプリミティブな超時代的感覚を想起させる。時代も国境も超えた風景。百田の器の形や模様には、何かを固定してしまわない、ゆったりと動き続けるような空気が漂う。観る者の視覚を解放し、精神を解き放つよう誘う。何物にも縛られることのない世界である。日本の一流料理人たちが百田の器を好む理由も、まさにその辺りにあるのではないだろうか。

（TODATE Kazuko　美術評論家・国際陶芸アカデミー会員）

陶芸実践講座◎第1回

コーヒータイムの器

器作りで大切なのは、その器をどういうシチュエーションで使うのかを想像することです。特に食器は、誰に何の料理をどんな雰囲気で供するのかをイメージすることで、色や形など作りたいデザインがふくらみます。

この講座では、プロの料理人からの注文制作の器も作る人気陶芸家の百田輝氏に、シチュエーションに合わせた器の作り方を学びます。

第1回は基本のカップ&ソーサーです。成形や装飾のポイントをおさえて、一杯のコーヒーを愉しむ一客を作ります。

コーヒーカップを作る際にポイントになるのが「取っ手」です。取っ手が持ちづらかったり、指がうまくはまらなかったりすると、使いたくなくなります。12頁で様々な種類の取っ手を紹介しているので、参考にしてください。本体の形状やシチュエーションに応じてデザインや厚みを決めていきましょう。

作成したカップ&ソーサーには化粧掛けや象嵌、上絵付を行って装飾を加えていきます。文様や釉掛けといった装飾は、好みに応じて行いましょう。

コーヒーを飲む器の種類

コーヒーを味わう器には様々な素材やデザインがありますが、一般的には陶磁器製で取っ手のあるカップとソーサー（受け皿）がセットになったものを「コーヒーカップ」と呼んでいます。

コーヒーカップの種類はその容量によって分類されます。容量が120〜140cc程度のものを標準サイズとして、約半量が入るエスプレッソ用の「デミタス（フランス語でデミ＝半分、タス＝カップ）」、受け皿がなく、およそ2杯分が入る「マグカップ」など、用途によって大きさが変わります。

寛ぎの時間を味わうカップ＆ソーサー

天気がいい日は、テラスや窓辺のテーブルでコーヒーをゆっくりと。そんなシーンをイメージしてカップ＆ソーサーを作ってみます。ほっとくつろぐひとときに、コーヒーを味わうための一客を。

いつもそばに置きたいマグカップ

慌ただしい家事や仕事の合間に、お気に入りのマグカップでちょっとコーヒーブレイク。毎日使うマグカップだからこそ、持ちやすさや口当たりにこだわって、自分の手にしっくりなじむ形にしましょう。

気ままに楽しむ小粋なデミタス

エスプレッソを味わうためのデミタスは、その小ささが身上。色とりどりのデザインを取り揃えて、気分に合わせて使う楽しみがあります。遊び心を羽ばたかせて、自由なデザインを描いてみては。

いろいろな取っ手

コーヒーカップのデザインをする上で、ポイントとなるのが取っ手です。取っ手が持ちづらい、また指がうまく入らないといった形状だと、使い勝手が悪くなってしまいます。

基本をおさえた上で、ここで紹介するバリエーションを参考にしながら、カップに表情を添える個性豊かな取っ手を作ってみましょう。

取っ手作りのポイント

・取っ手が垂直についている
・取っ手の中心が器の直径の延長線上にある
・指が入るところを大きくしすぎない

●取っ手が平らなタイプ

取っ手の上が平らなので、持ったときに親指がしっくりなじみます。作りやすいベーシックな形です。

●中が空洞になっているタイプ

ボリュームがあり、個性的なデザインが映えます。取っ手が重くなるので、本体の作りはしっかりと。

●指跡をつけたタイプ

造形に動きが出るので、手作りの存在感が出ます。カップの成形もきっちりさせない方が味が出ます。

●細身でひも状のタイプ

細いひもで作るとエレガントな印象に。取っ手の背中に1本ラインを入れると、引き締まります。

●布目で装飾したタイプ

布で巻き締め、その上に釉薬を掛けずに焼成すると、布目がくっきり出ます。

カップ作りに必要な道具

成形の主な道具

成形に用いる道具は多数ありますが、今回はカップの成形に必要な主な道具を紹介します。

①しっぴき　土を切り出すときに使います。

②へら、針　成形の際、余分な土を削ったり、形を仕上げるときに使用します（写真は松材で作った自作のもの）。

③針金　ソーサーの直径を測るための道具。

④トンボ　作品の深さや直径を測るために使用。

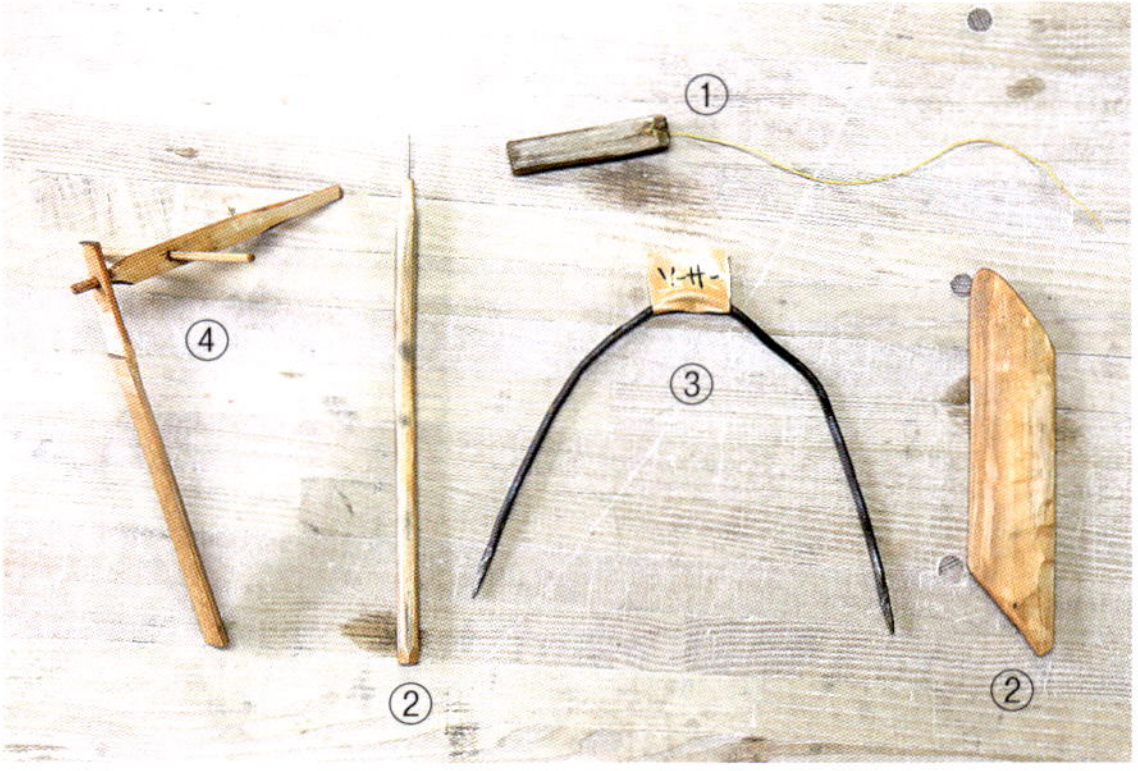

装飾の主な道具

今回の装飾で使った道具を紹介します。装飾の内容によって道具は異なるので、デザインに合わせた道具を揃えましょう。

①剣先　文様をつけたり、撥水剤を掻き落としたりする際に使用します。

②ポンス　成形後の柔らかい土に軽く押しつけて、○の模様をつけます。急須の茶こし穴を開ける小さいものから大きいものまで用意します。

③針　線を入れたり、撥水剤を掻き落としたりする際に使用します。

④撥水剤　水分をはじく溶剤。釉掛けの際、釉薬を掛けたくない部分に塗ります。今回は素地や化粧土に文様をつける際にも使用します。

⑤化粧土　陶器の装飾に使う白い土。化粧掛けで使うときは濃度の調節が大切です。粉引のように全体に掛けるときは薄めに、刷毛目のときは筋目を入れるため濃い目に調節します。

⑥泡立て器　化粧土を撹拌する際に使います。

⑦柄付きスポンジ　化粧掛けの際、化粧土を器にのせるための自作の道具。スポンジをサイコロ状に切って柄にガムテープで巻き付けます。大中小のサイズを揃えておくと便利です。

⑧筆、刷毛　撥水剤を塗布する際に使います。使用後は先に食器用洗剤をつけてから水洗いします。

上絵の具

本焼をした後に文様を描くための絵の具。本焼より低温で焼くため、下絵に比べて色の種類が豊富です。乳鉢でよく擂ると発色が鮮やかになります。乾燥しても水を加えれば再び使えます。

カップ&ソーサーを作る

早速カップ&ソーサーを作ってみましょう。今回は、本体を成形した後に文様を施して、化粧掛けや象嵌（18頁参照）で下地を作ります。素焼をして化粧土が乾いたら、釉掛けや上絵付を行います。

見込

高台

土　：島根土、楽土、信楽土のブレンド
焼成：中性炎焼成
釉薬：蛙目系マット釉

成形

1
菊練りした土をろくろの中心に据え、回転させながら土を挽き上げていく。

2
ろくろ目をつけないデザインにするので、ろくろの回転よりゆっくり手を上げながら指の腹で挽く。

3
トンボで深さを測る。

4
厚みは薄く、段差のある形に挽き上げる。

5
口の形状は1度内側に入って、外に出るように作る。

6
ソーサーの成形のポイントは薄くしすぎないこと。薄いと安定感がなくなるので厚めに作る。

7
ろくろの中心にシッタを据えて、底の周囲にひも状の土を巻いて固定する。

8
シッタにカップを伏せ、軽く叩いて合わせる。素焼のシッタの場合は水で濡らしておく。乾いたままだと、粘土が取れてしまう。

9
へらで底全体を削り取る。

10
底を指で押して動くくらいまで削っていく。あまり高さを出さないように。カップは取っ手があるので高台はなくてもいい。

11
ソーサーは底を削ってから、高台の外側にヘラを当てて削り出す。

12
高台の内側を削っていく。

取っ手をつける

1
指1本くらいのひもを作り、濡らした木綿の布の上にのせ、空気が入らないように1周巻き、巻き終わりを下にする。

2
指で挟んで山型にし、中指の当たる下半分は、痛くないように平らにならす。

3
ひもの両側から棒を押し当てて、山の形を整える。

4
布を外し、ひもを丸める。取っ手の下になる方を少し内側に入れる。

5
取っ手がつくところを水を含ませた刷毛で濡らし、のこぎりを割ったものでキズをつける。

6
キズをつけたところを歯ブラシでこすってドベにする。

7
取っ手をしっかりつける。重みで本体が歪むので、口から少し下げたところにする。

8
この時点で本体が柔らかいときは、取っ手の下に土をかませておく。こうすると重みで下がらない。

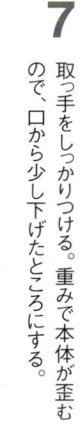

装飾―文様をつける

1日程度おき、触っても跡がつかない程度に乾燥させた後、ポンスや剣先などの道具を使って、文様をつけ、撥水剤を塗ります。

文様はフリーハンドでもつけられますが、道具を使うことで無理なくきれいなデザインが生まれます。

撥水剤は、種類によっては換気やマスクの着用が必要なものがあるので、注意しましょう。

1
ポンスをほんの少しキズがつく程度の力で押し、均等に5つの○を入れる。

2
プロセス1で使ったものより小さいポンスで、直前の工程でつけた○の内側に、さらに小さな○を入れていく。

3
剣先で○と○をつなぐ線を入れる。

4
ソーサーもカップ同様に○と線を入れていく。

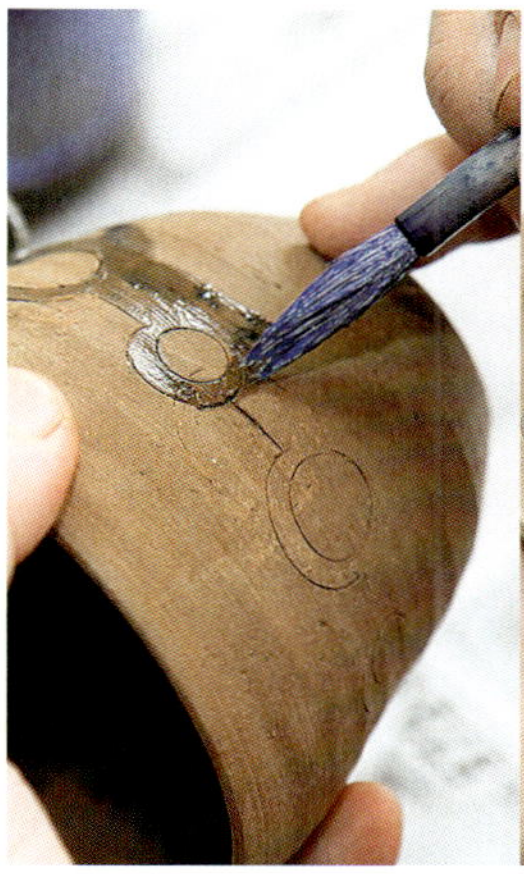

5
撥水剤を筆に含ませ、化粧土を塗らないところに丁寧に塗る。

6
塗り終えたら、乾燥させる。撥水剤は塗ったところが分かるように着色してあるが、焼けとぶので、色は残らない。

7
ソーサーにも撥水剤を塗っておく。カップを置く中央の部分は土の色を生かし、外側に装飾を施す。

装飾—化粧掛け

柄付きスポンジを使って化粧土を塗ります。このとき、ムラを出すようにラフにのせるのがポイント。のせたところをならすようにします。

さらに、アクセントとして、カップの表面を削りそこに化粧土を埋め込んで線描を施します。このように、ある材料の一部を削った後、そこに別の材料を埋め込む技法のことを「象嵌」と呼びます。

1 化粧土はあらかじめメッシュで漉しておく。マヨネーズよりちょっとゆるめを目安に。

2 柄付きスポンジで化粧土を取り、ポンポンとのせていく。1度のせたところをならすのがポイント。

3 小さい柄付きスポンジで、取っ手の内側や継ぎ目にもしっかりと化粧土をのせる。

4 カップの外側やソーサーの表面は平らな柄付きスポンジでのせる。

5 白化粧が乾く前に、小さいポンスでカップとソーサーに小さな○を入れる。

6 剣先の丸い方で化粧土を塗った上に線を入れていく。

7 日陰で丸一日乾燥させる。

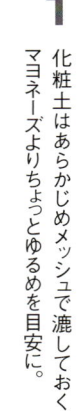

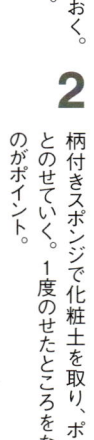

8

化粧土をはじかなかったところをヘラで削る。

9

削った後、濡らしたスポンジできれいに拭き取る。

10

撥水剤がとれたところに再度撥水剤を塗る。

11

この後で線の象嵌を入れるために、針で掻き落とすように撥水剤を削る。

12

硬めの刷毛でバリ（削りカス）を払う。

13

先ほどの化粧土を今度は薄めにして用意する。

14

削ったところに化粧土を筆先で埋めるようにのせる。こうすると白化粧が線状につく。この技法を象嵌という。

15

作品を素焼する。

釉掛け

1 素焼した作品を濡らしたスポンジで拭く。

2 釉薬を掛けないところにビニールテープを波打つように貼り、マスキングする。

3 文様に合わせて取っ手にもビニールテープを貼る。

4 よく撹拌したマット釉をひしゃくで内側、外側の順に掛け、滴をよく切る。

5 取っ手など掛け残したところは筆でつける。

6 釉薬が乾燥したら、ビニールテープをはがす。

7 ビニールテープをはがした状態。

8 呉須を含ませた筆で、線を消さないように文様を塗りつぶす。

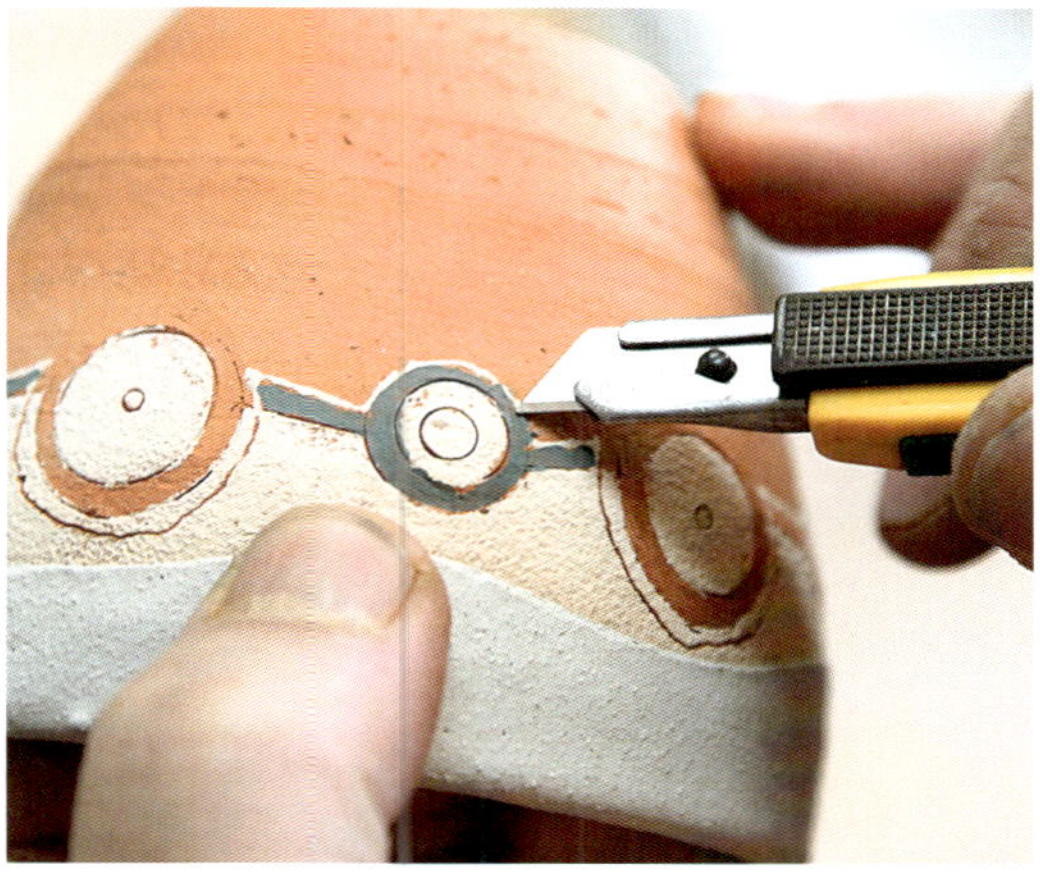

9 線まではみ出してしまったときは、乾燥後カッターで削り取る。

10 エアブラシにマット釉を入れて、掛けづらい取っ手などから先に吹き掛ける。

11 カップの外側はシッタに置いて吹き掛ける。

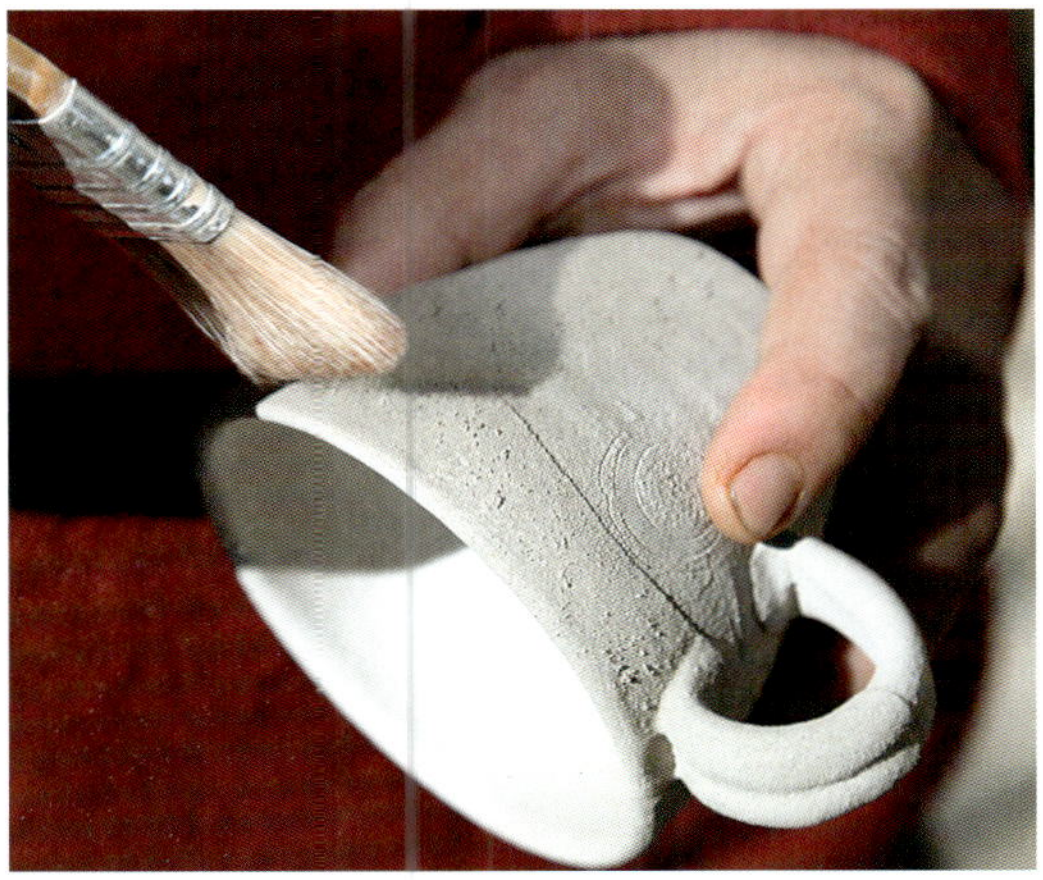

12 表面が乾いた後、余分な釉薬を刷毛で払う。よく乾燥させてから約１２６０度で焼成する。

上絵付

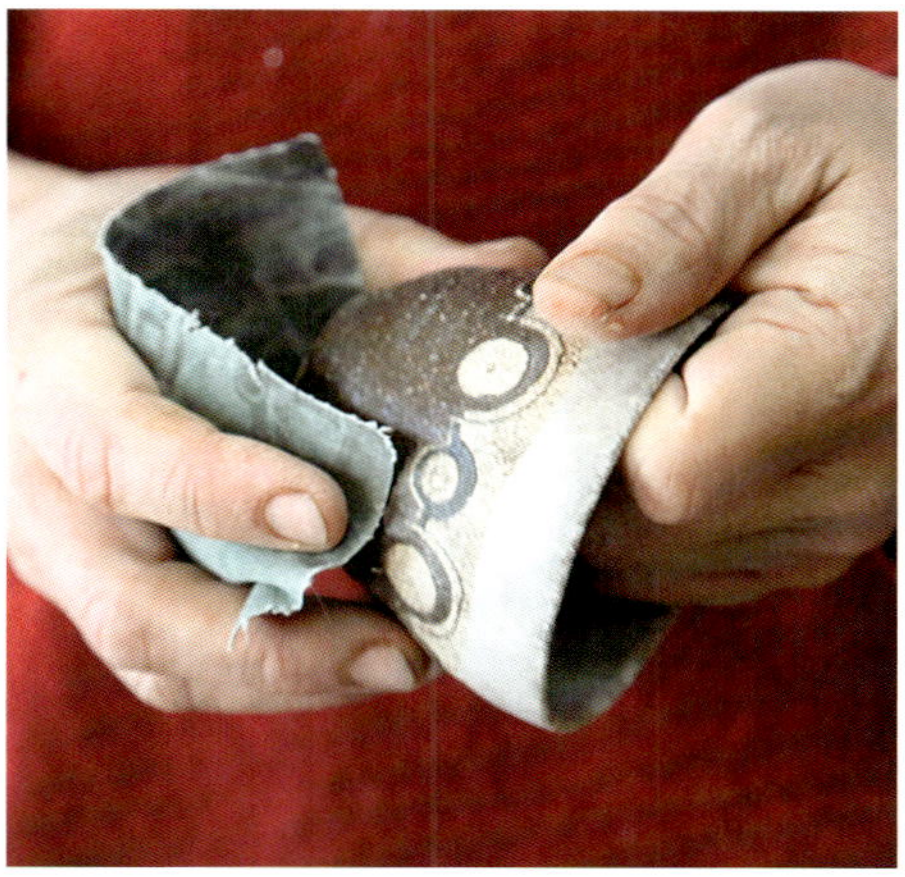

1 本焼後、表面のザラつきを紙やすりでこすり落とす。机などに傷がつかないように、高台もきれいにする。

2 上絵の具で色をのせる。下から化粧土が浮き出るくらいの薄さで。

3 小さい○は絵の具を濃い目にしてのせる。

4 上絵付完成。よく乾燥させてから約８００度で焼成する。

陶芸実践講座◎第2回

ホームパーティーの器

基本の食器作りをマスターしたら、自作の器で色とりどりの料理を味わう、ホームパーティーを開いてみましょう。

料理に合わせて作りたい器をイメージしたら、寸法を割り出し、型紙を起こします。数を揃えたい取り皿も型紙を使ったタタラ成形なら、大きさを揃えて作ることができます。

ここでは、パーティーでも活躍する角鉢と四方皿をタタラ成形で作ります。なお、角鉢や四方皿といった大きめの皿を作る際にポイントになるのが、「高台」です。高台の作成方法は、ロクロ成形後に底を削り出す「割り高台」と成形後に器に貼りつける「付け高台」の2種類に大別できます。盛り付ける食材に合わせて皿のサイズやデザインを思案するように、高台にも一工夫加えましょう。

また、大皿以外に、食卓の小さな脇役となる「箸置き」を石膏で型を作って成形するプロセスも紹介します。

石膏で型を作っておけば、揃いの箸置きを簡単に成形することができます。自分の好きなモチーフの型を作っておき、色を変えたりして楽しみましょう。

ホームパーティーに便利な器

家族や友達を招いて、ちょっとしたパーティーをするときは大皿や大鉢に盛った料理を銘々が取り分けるスタイルが一般的です。

器は大皿と取り皿がセットになったものを使うのもよいですが、お気に入りの器や自作の器を組み合わせてもてなすと、普段の手料理もぐっと見映えがします。

盛り付ける料理をイメージし、使いやすいサイズの型紙を使ってタタラ作りにすれば、大皿も複数枚必要な取り皿も比較的簡単に作れます。

四方皿 （22頁の写真参照）

ほぼ正方形なので、大きなものはサラダやパスタ、炒め物など様々な料理の盛り付けに適しています。小さいものは取り皿に。一枚一枚絵や柄を変えても楽しいでしょう。

角鉢 （上の写真参照）

タタラを貼り合わせて作ります。口辺や側面を直線にせず、ゆらぎやふくらみを持たせることで柔らかな表情を出します。煮物や和え物、フルーツなど高さのある料理の盛り付けに向いています。

板皿 （24頁の写真参照）

意外に使いやすいのが長方形や楕円形。食卓に変化が生まれ、スペースを有効に使えます。生春巻きや寿司をのせたり、小さな器に入れたつまみなどを並べて、料理店風のあしらいにも。

いろいろな高台

「高台」とは器を支える受け台で、ロクロ成形後に底を削り出す「削り高台」と、成形後に器に貼り付ける「付け高台」（中・下段）とに大別されます。

タタラ成形の場合は、後者の「付け高台」になりますが、高台をつけないこともあります（角鉢・27～29頁参照）。また、ひもをつけずに器そのものに窪みをつけ、縁を持ち上げて皿や鉢にすることもできます（四方皿・30～32頁参照）。この方法は、タタラ板をスライスして、丸い型に押し付けて乾燥させ、あとは焼成で歪むので、面白い形に仕上がります。

高台をつける場合も、底の中央部分にひも土をつけたり、あるいは器の形に添ってつけることで、随分と印象が変わります。円状ではなく、3～4点程度の足をつける方法もあります。

ひも土で作る基本の高台

①ボディと同じ土を、柔らかいうちに丸くひも状に伸ばす

②器の底のボディをつける部分に針などで細かく傷をつける。同様にひも土にも傷をつける

③土に水を加えてドロドロの状態にした「ドベ」をボディとひも土につける

④ドベを接着剤にして、ボディとひも土を合わせて接着させる。空気を入れないために、必ず丸いまくっつける

⑤高台の上に板などを置いて、水平になっているか、確かめる

⑥はみ出たドベをヘラなどで取り除く

タタラ成形の高台の種類

●縁が高く高台がないベタ底

縁が高いので高台がなくても、器に高さがあります。深さがあるので炒め物や煮物にも使えます。

●ひも作りの付け高台①

ひもを底に接着した付け高台。端の反ったフォルムなので、前菜を少量ずつ盛り付けると映えます。

●ひも作りの付け高台②

器の形に沿って、底の周囲にひもを接着した付け高台。どっしりとした存在感が特徴です。

角鉢と四方皿作りに必要な道具

今回の作品はすべてタタラ作りです。角鉢も四方皿も、まず土塊からまっすぐな板状の土（タタラ）をワイヤーで切り出し、タタラ板を使って器に適した厚みにスライスします。

①剣先　型紙に沿って土を切り出したり、余分な土を切り取る際に使います。

②へら　余分な土を削ったり、形を仕上げるときに使用します（写真は松で作った自作のもの）。

③のこぎりの刃　タタラを貼り合わせる際、接着面にキズをつけるために使います。

④印花ローラー　通常は花模様や幾何模様を彫った印判を用います。今回は、広範囲に均一な文様をつけるために判型をローラー型にして使用（写真は自作のもの）。

⑤片栗粉　高台のない皿を乾燥させるためのひもが、皿とくっつかない様にはたきます。

⑥陶印　作者のサインとして、作品の裏や高台内などに捺します。

⑦手ろくろ　土をのせて成形したり、削ったりするときに作業台として使います。

⑧型紙　大皿、取り皿など皿の寸法に合わせて用意します。角鉢のように、タタラを数枚貼り合わせる場合は、各パーツの型紙を用意します。土に直接のせて使うので、後ではがしやすいようにガムテープなどでつまみをつけると便利。

⑨石膏型　四方皿での成形に使います。石膏型がない場合は、調理用のボウルや中華鍋などを代用してもよいでしょう。

型の成形に石膏を使う

四方皿の成形には、石膏型を使うのがお勧めです。石膏は吸水性があるので、素地土の水分を適度に吸って剥離しやすくなります。作り方を簡単に紹介しておきます。

①石膏の全体量の1／2〜2／3の水をバケツに張る

②石膏粉を水面と同じ高さになるまで入れる

③泡立てないように棒でよく混ぜる。棒が重く感じ始めたら、すぐに型に流し込む

④型には事前にカリ石けんを塗り、外しやすくしておく。型が柔らかい場合は不要

なお、残った石膏はバケツに入れたまま水を張って放置し、底で固まったら、取り出して割ります。ゴミの出し方、処分については各自治体のルールに従うこと。バケツに入ったまま排水口に流すと、排水管が詰まるので決して流さないようにしましょう。

箸置き型の成形に使う道具

同じ大きさ、デザインの箸置きを作るときは、石膏で型を取ります。一度型を作れば、同じ型の物を簡単に複数作ることができます。

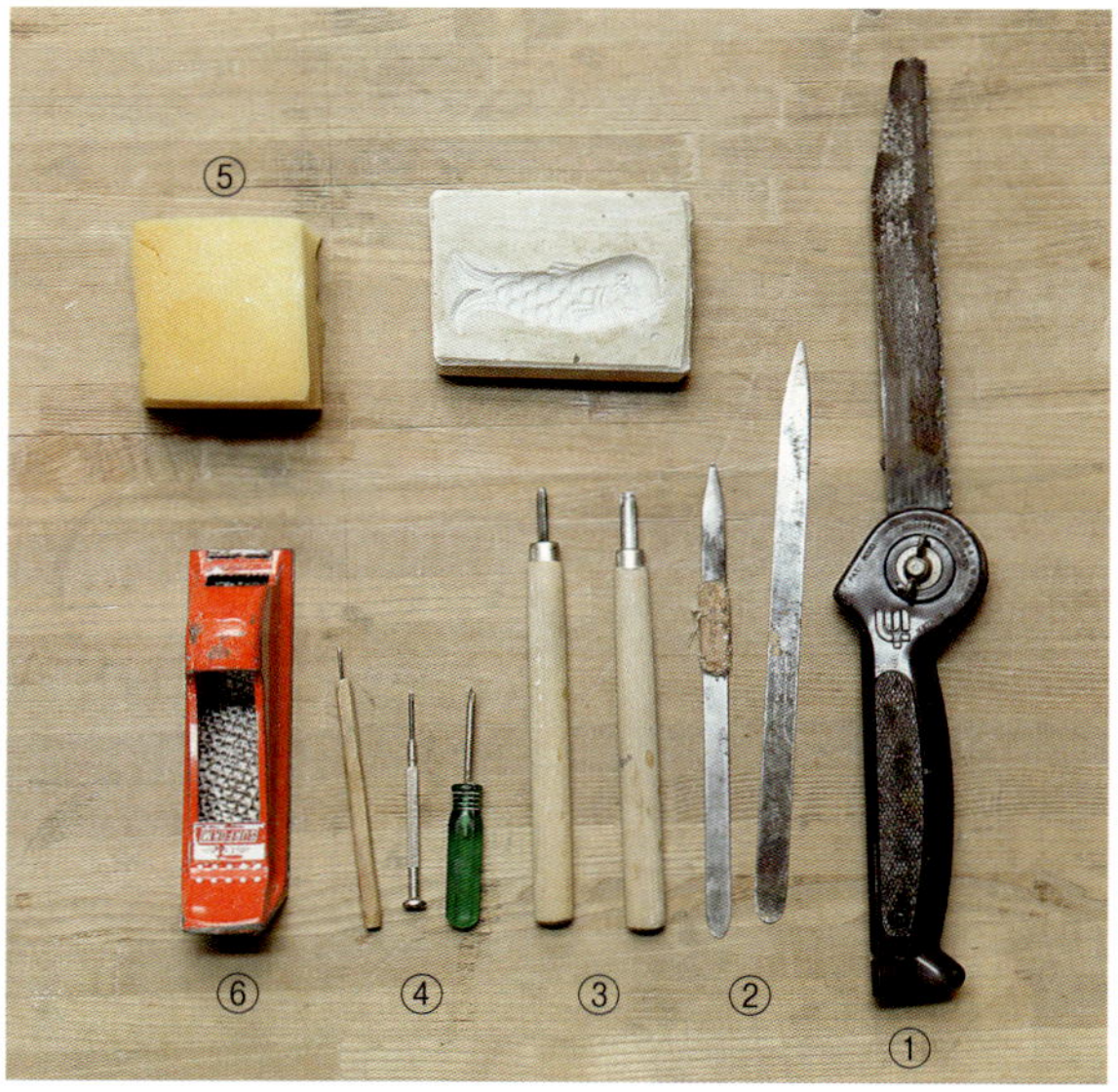

①コンクリートカッター　石膏を切り出す際に使用。

②剣先　文様を彫ったり、型からはみ出た土を切り取る際に使います。

③彫刻刀　型を彫るときに使います。

④針、ドライバー　魚の目など細かい文様をつける際に使います。

⑤スポンジ　彫刻刀で彫りやすくするために、石膏の表面を水を含ませたスポンジで拭いて柔らかくします。

⑥カンナ　切り出した石膏の表面をならす際に使用。

角鉢を作る

タタラを貼り合わせて作る角鉢は、土の味わいを生かした口辺とふくらみを持たせた側面がポイント。器の料理がよく見えるよう、正面となる口辺を少しだけ手前に開きます。装飾は17～21頁、31、32頁を参照して下さい。

見込

裏面

土：島根土、楽土、信楽土のブレンド
焼成：中性炎焼成
釉薬：化粧土、蛙目系マット釉、青釉、黒釉、麦釉

成形

1

練った土を斜めに打ちつけて叩いてつぶし、四角くまとめる。

2

指先で角を作って角を出し、土を持ち上げて落とす。落とすと土の重さで外側に伸び、大きくなる。

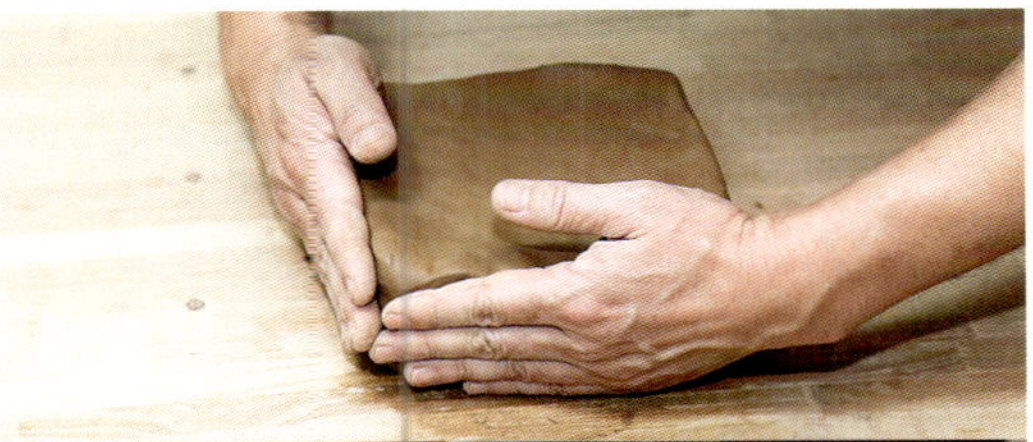

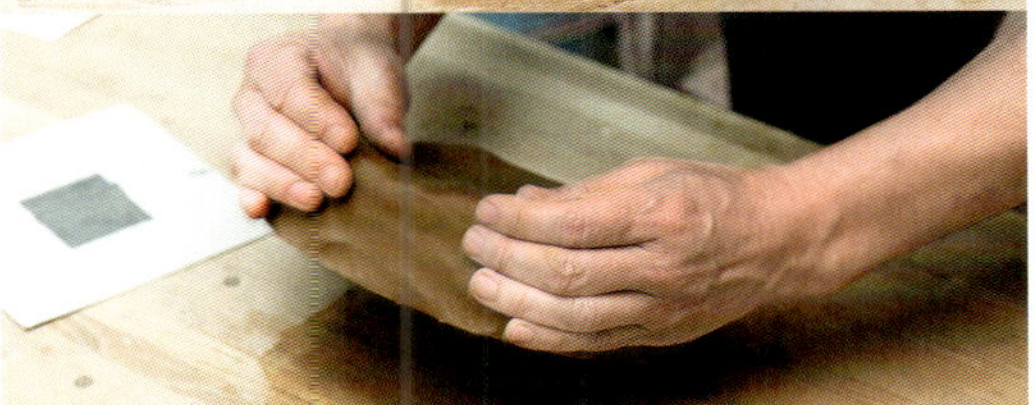

3

型紙がすっぽり入るくらいの大きさの四角にまとめたら、側面を叩いて整える。

4

角鉢の壁板用に3ミリ、底板用に5ミリの板を重ね、土の左右にぴったり合わせて置き、延べ棒で平らにする。

5

板の端を太ももに当てて固定し、板の上に親指を当て、ワイヤーをピンと張った状態でまっすぐに挽き切る。

6

切り出した土は日陰で半日乾燥する。土を立てたときにグラグラしない程度に乾かす。

7

底板の裏側全体に印花のローラーを転がして文様をつける。これには土を締める効果もある。

8

ろくろ、板の上にプロセス7の土を置き、型紙をのせて印をつけてから剣先で切り出す。

9

壁板用の土の上に型紙を置く。このとき上辺は土の形を生かして残し、4枚切り出す。

10

壁板の両端は後で貼り合わせるときの余裕を考慮して、一辺はそのまま、もう一辺は型紙通りに切る。

11

底板と壁板が接着するところを、のこぎりの刃でキズをつける。

12

底板と壁板につけたキズに、刷毛で水をつける。

13

プロセス11でつけた傷の上にドベを塗り、底板に壁板をつける。壁板を挟んできゅっと下に押す感覚で、しっかりくっつける。

14

内側の継ぎ目にもドベを塗り、はみだした土を切り落とす。

15

底から少し上の角の脇や継ぎ目を板で叩いて締める。

16

底からはみだした土を切り落とす。あえて少し土を残すと雰囲気が出る。

17

壁板の上に印花ローラーを転がして文様をつける。

18

焼成時の縮みを考慮して、壁板を外側に少しふくらませる。

19

正面の壁板を手前に少し開く。こうすると盛り付けた料理がよく見え、空間に余裕ができて、圧迫感がなくなる。

タタラ成形の乾燥時の注意

白化粧後、表面が乾いたら、新聞紙の上にツク（支柱）などの重しをのせ、一定の温度の室内で1週間ほど乾燥させる。底の反りや割れを防止できる。

四方皿を作る

タタラ作りで四方皿を作ります。石膏型を使う成形のポイントは、タタラの周囲を型に押しつけずに浮かせること。焼成時の縮みも加わり、縁がゆるやかなラインを描いて雰囲気のある仕上がりになります。タタラ板の作り方は27、28頁を参照して下さい。

見込

裏面

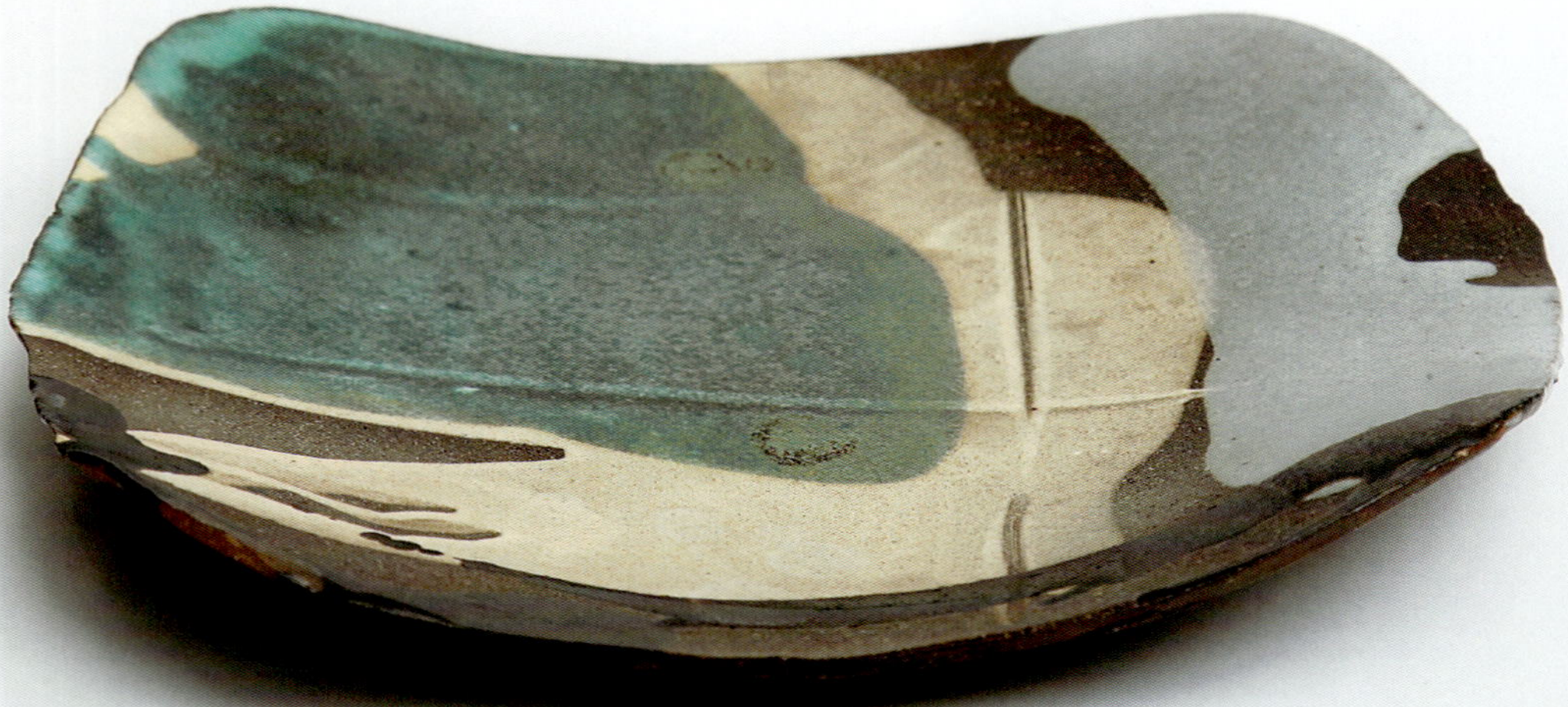

土：島根土、楽土、信楽土のブレンド
焼成：中性炎焼成
釉薬：化粧土、蛙目系マット釉、青釉、黒釉、麦釉

成形

1
厚さ6ミリのタタラの縁を、焼成時に重みで土が落ちないよう、真ん中から外に向かって薄くなるように叩く。

2
剣先でフリーハンドの四角を切り出す。

3
再び縁を叩いて薄くする。

4
裏面全体に印花のローラーを転がして文様をつける。割れ防止のため、縁は土を締めるようにしっかり力を入れる。

5

ろくろに石膏型を伏せた上にプロセス4のタタラ板をのせ、底になる部分だけ手のひらで寄せるようにして押しつける。

6

プロセス5のタタラ板の底に片栗粉を打ち、底とくっつく面を平らにしたひもを用意する。

7

底にひもをのせ、ひもの両端と底の頂点を結ぶラインが直線になるように整える。乾燥させる間は、ずっとひもを敷いておく。

8

皿をひっくり返し、指跡がつかない程度の力で縁を指で寄せながら持ち上げる。こうすると縁が締まり割れにくくなる。

装飾ー白化粧と釉掛け

成形後、日陰で1日ほど乾燥させてから装飾を施します。今回は白化粧の上に3種類の釉薬を掛け分け、最後にコンプレッサーで濃淡をつけながら麦釉を吹き掛けます。釉薬の濃淡や掛け残しが、見どころや面白さにつながります。

白化粧

1

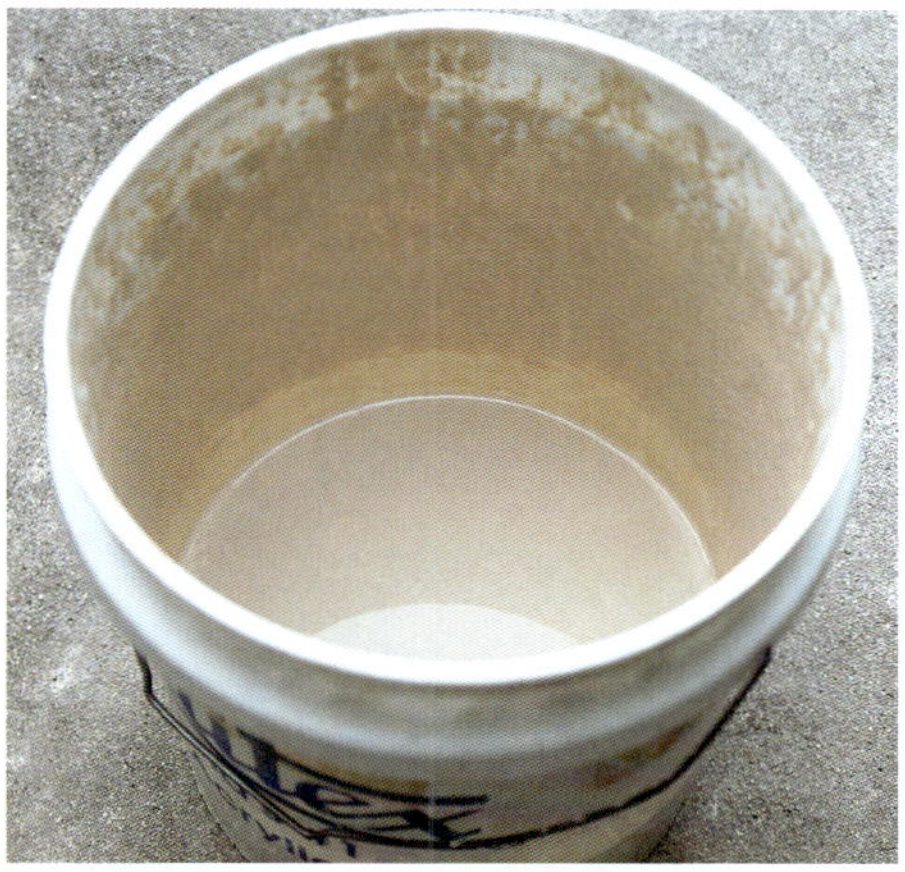

手で混ぜて濃さをチェックした化粧土を用意する。

2

ひしゃくに化粧土を少なめに入れて、素早く流し掛ける。ひしゃくを速く動かすと、掛け残しができる。

3

指で化粧土に筋をつける。その後、釉薬のテカリが消えるまで乾燥させ、素焼する。

釉掛け

1
マット釉、青釉を手で混ぜて濃さをチェックしたら、青釉を流し掛ける。

2
表面が乾いたら、次にマット釉を流し掛ける。

3
スポイトに黒釉を入れ、模様をつける。

4
コンプレッサーに麦釉をセットし、ろくろを回しながら、色味や濃淡を出すためムラに吹きつける。

5
表面が乾いたら、刷毛で余分な釉薬を払い落とす。

窯詰め

1
あさりやしじみなどの貝殻に窯土を詰め、皿の高さに合わせたツクの上にのせたものを12個用意する。貝は薄いものを選ぶ。

2
窯土を詰めた貝を4つ並べた上に皿を置き、プロセス1のツクの底にアルミナをつけて、皿の下にかませる。

3
皿と接する貝の角度を皿のカーブに沿うように調整する。貝は高温でも溶けず、焼成後に取りやすい。

箸置き型を作る

いろいろな形やデザインのバリエーションがある箸置きは、食卓のアクセントとしてパーティーでもゲストの目を楽しませてくれます。石膏で型を作れば、揃いの箸置きの成形も簡単。魚や花など自分の好きなモチーフで作ってみたり、同じ形で色を変えても面白いでしょう。

1
箸置きの型に使う分の石膏を切り出し、カンナで表面と角を落として平らにならす。整えた石膏に下絵を描く。

2
水を含ませて絞ったスポンジで石膏の表面を湿らせて柔らかくする。柔らかくすることで彫りやすくなる。

3
下絵に沿って彫刻刀で彫っていく。表面が硬くなったら、その都度スポンジで濡らして柔らかくする。

4
針やドライバーで目を描き、土を入れて型取りしてチェックする。尾ひれは浅く彫るのがコツ。

5
彫りがOKなら、ひもを型にのせ指で押しつける。さらに上から平らなもので押し、押したときはみ出すくらいにする。

6
はみ出た土を削ぎ、尾ひれを持ち上げ成形。尾側の半分は刃を斜めに入れて薄くする。成形後、釉掛けして焼成すれば完成。

陶芸実践講座◎第3回

酒を楽しむ器

西洋ではワインやビールに使う酒器というと、画一化されたガラス製品が一般的です。しかし、日本では、陶による酒器のラインナップが豊富で、幅広く使われてもいます。

例えば、取っ手のついた注器に片口、徳利、ぐい呑などなど、数え上げればきりがありません。また、普段はグラスで飲んでいるビールも、陶器に変えれば、表面の凹凸できめ細かい泡立ちとなり、新鮮な味わいを楽しめます。

ここでは、焼酎杯と焼酎用注器を手びねりで制作します。焼酎杯は、削りなしで一気に成形し、手の跡を最大限に活かした形状にします。また、口を外に少し開いて焼酎の香りも楽しめるようにしましょう。焼酎用の注器は、器の厚みを均一に作るのがポイント。これを怠るといびつな形になってしまいます。注ぎ口は本体を傾けたときにこぼれる角度にし、水切れを良くしましょう。

好きな酒を口へ運ぶシーンを思い浮かべ、器の口の厚みや角度、高台など自分好みのデザインを描きながら、晩酌などを彩る酒器作りに挑戦してみましょう。

陶の酒器の魅力とは

「酒器」とひとくちに言っても、どんな酒に用いるかによって、形状や材質はまちまち。ビールやワインなどの洋酒であれば、ガラス製のグラスが一般的ですが、日本では日本酒や焼酎を陶器で楽しむのと同じように、洋酒であっても陶製の酒器を使うことがあります。

土の器ならではの手肌へのなじみのよさ、あたたかみがガラスとは違う味わいをもたらし、使う度に愛着が湧いてきます。また、ガラスより手入れが楽なのも魅力のひとつ。

今回は焼酎用の注器と杯を手びねりで制作します。自分の飲む酒の種類や量に合わせたサイズの酒器を作れば、晩酌がひときわ楽しい時間になるでしょう。

秋から冬へ、日本酒を味わう

秋の訪れを告げるのが「ひやおろし」。できたての新酒に一度だけ火入れし、ひと夏蔵に寝かせたものを蔵と外気の温度が同じくなった頃に瓶詰めをします。まろやかでいながらフレッシュな味わいは秋だけの楽しみ。

そして寒さがつのる冬に美味しいのが、米のうまみがたっぷりのった純米酒。コクとうまみをじっくり味わうなら40℃前後のぬる燗で。また、新酒が出回る1月は、しぼりたてのにごり酒もおすすめ。

酒を〝入れて〟楽しむ器

●注《ちゅう》器《き》

取っ手がついているので、燗をした日本酒に適している。下の片口同様、注ぎ口は傾けるとこぼれる角度にし、水切れをよくする。

左：高8.5　径11.5cm
右：高13.5　径12.5cm

●片口

胴に注ぎ口をつけたシンプルな形ゆえに使い勝手がよい。酒器として使う場合は、一合から二合入るサイズが一般的。水切れのよい注ぎ口にするのがポイント。

左：高9.5　径15.5cm
右：高6.5　径14.5cm

左：高20.0　径7.0cm　右：高13.5　径8.5cm

●徳利

酒を入れて湯につけて温めたり、燗をつけた酒を移し入れる器として広く使われる。大勢で飲む際は、たっぷり入るお預け徳利（客に徳利を預ける）があると便利。

高24.0　径22.0cm

●ワインクーラー

ワインをボトルごと冷やすための容器。制作する上でのポイントは口を丈夫に作ることと、ボトルの肩まで入る高さにすること。

酒を〝飲んで〟楽しむ器

●ぐい呑

猪口《ちょこ》と呼ばれる杯より大ぶりなものを指す。主に日本酒用に使われることが多いが、冷やでも燗でも焼酎でも酒を問わないのが魅力。使い方は飲み手次第。

高4.0〜5.5　径6.0〜7.5cm

●口の広い杯

ゆったりと開いた口が吟醸や大吟醸など、華やかに香り立つ日本酒におすすめ。冷やかぬる燗にすると香りが引き立つ。

平均：高3.5　径8.0cm

●小ぶりな杯

熱燗には、冷めないようにひと息ふた息で飲める口が小さく小ぶりの杯を選ぶ。じっくりとしたうまみあふれる純米酒など。

最大：高4.3　径5.0cm

高8.5〜9.5　径6.5cm

● ビール杯

おいしいビールの条件はきめ細かい泡。内側に釉薬を掛けずにざらつかせることで細かい泡立ちになる。

高7.0〜7.5　径6.5cm

● ワイン杯

写真右のものは半磁土で制作しているので、染み込まず汚れがつかない。寒い季節におすすめなのは、赤ワインにスパイスや砂糖を入れたホットワイン。

最小：高3.8　径4.5cm

● ショット杯

手前の一番小さい杯はワンショット用。香りの強いシェリーやラム、テキーラ、さらにウォッカなど香りやアルコール度の強い酒を楽しみたい。背の高い杯は氷を入れて。

焼酎の美味しい飲み方

1　王道のお湯割り

「ぬるめのお湯が先で、焼酎が後」。お湯と焼酎は6：4でも5：5でも好みで。ただし、この順番だけは守る。

2　前日に割り水

焼酎と水を好みの比率で割り、一日ほど置いておく。飲む際に酒器に入れ、湯せんか火にかけて温める。

3　オン・ザ・ロック

おいしい水で作った氷を用意し、氷を先に入れ焼酎は後から注ぐ。しばらく置いて焼酎をキンと冷やす。

酒器作りに必要な道具

①柄《え》ごて　徳利など手を中に入れられない袋物（口がすぼまった器）を成形する際、口から差し入れて器の内側から押し当てて形を整えます。

②剣先《けんさき》、棒各種　土を切り出したり、形を整える際に使います。

③ワイヤー、弓　底を切り離したり、口のつけ根をまっすぐ切るときに用います。

④ポンス　注器の栓に空気穴を開けたり、注ぎ口を接着する本体に穴を開けるときに使います。

⑤へら、水牛の角　成形の際、余分な土を削ったり、形を仕上げるときに使用します。

⑥スクレーパー　底の厚い部分を削るなど、土を粗く削り取るときに便利です。

⑦印花　注器の栓の装飾に使用します。

その他の道具　写真では掲載していませんが、作業台として欠かせない手ろくろ、パーツを接合する際に水を張ったボールと歯ブラシ・刷毛も用意します。

焼酎杯を作る

焼酎の杯には少しずつ香りと風味を楽しむ猪口やロック用のカップ、香盃など様々ありますが、今回はぐい呑を玉作りで作ります。口を外に少し開くことで、焼酎の香りが立ちます。ポイントは削りなしで一気に成形すること。手の跡を最大限に生かした造形にしてみましょう。

見込　高台

土　：島根土、楽土、信楽土のブレンド
焼成：中性炎焼成
釉薬：化粧土、蛙目系マット釉、青釉、黒釉、麦釉

成形

1

ろくろの中心に丸めた土を据え、中央に親指を差し入れて穴を開ける。

2

ろくろを回しながら、3～5ミリの厚さの底を作り、親指と人差し指で土をつまんで寄せながら底を固める。

3

底が決まったら腰を締め、底と同じ厚みになるように土をつまんで寄せながら引き上げる。

4

口の周りを少し広げ、形を整える。

5

ワイヤーで切り、剣先を斜めに当てて高台を削り出す。

6

底と腰に親指を当て、寄せるようにして高台を整える。底は叩いて締める。

7

口辺をつまむように締めながら、外側に倒していく。

8

成形の完成。装飾に関しては、17～21頁、31、32頁を参照してください。

焼酎用注器を作る

栓と注ぎ口のついた注器を作ります。

手びねりならではの豊かな丸みとハリが特徴ですが、器の厚みを均一に作らないと、上部の土が落ち込んでいびつな形になります。常に指先で厚みやカーブを感じ取りながら、成形や削りを行いましょう。

俯瞰

高台

土　：島根土、楽土、信楽土のブレンド
焼成：中性炎焼成
釉薬：化粧土、蛙目系マット釉、青釉、黒釉、麦釉

本体の成形

1
ろくろに土を据え、中央に親指を差し入れて、穴を徐々に広げていく。底の厚さは薄めに作るのがポイント。

2
穴を広げながら内側のカーブを作っていく。腰から下は厚く、腰から上は薄く作る。

3
腰から上が立ちあがったら、親指と人差し指で土をつまんで寄せながら縁が5ミリくらいの厚さになるように薄くしていく。

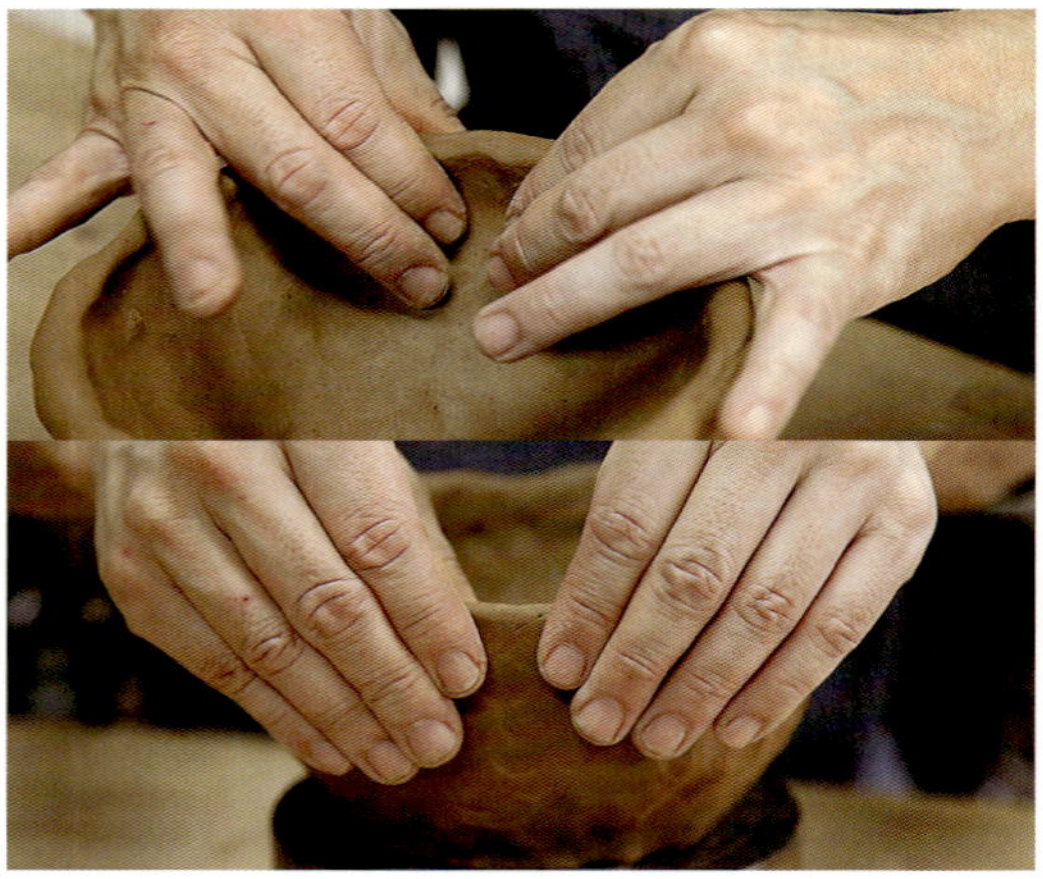

4
縁を内側に丸めるようにつまんで寄せる。この時、寄せる力を強くするのがコツ。立ち上がりから口辺までは同じ厚みにする。

5
指を本体の内側と外側に当て、厚みを薄くしながら膨らませる。

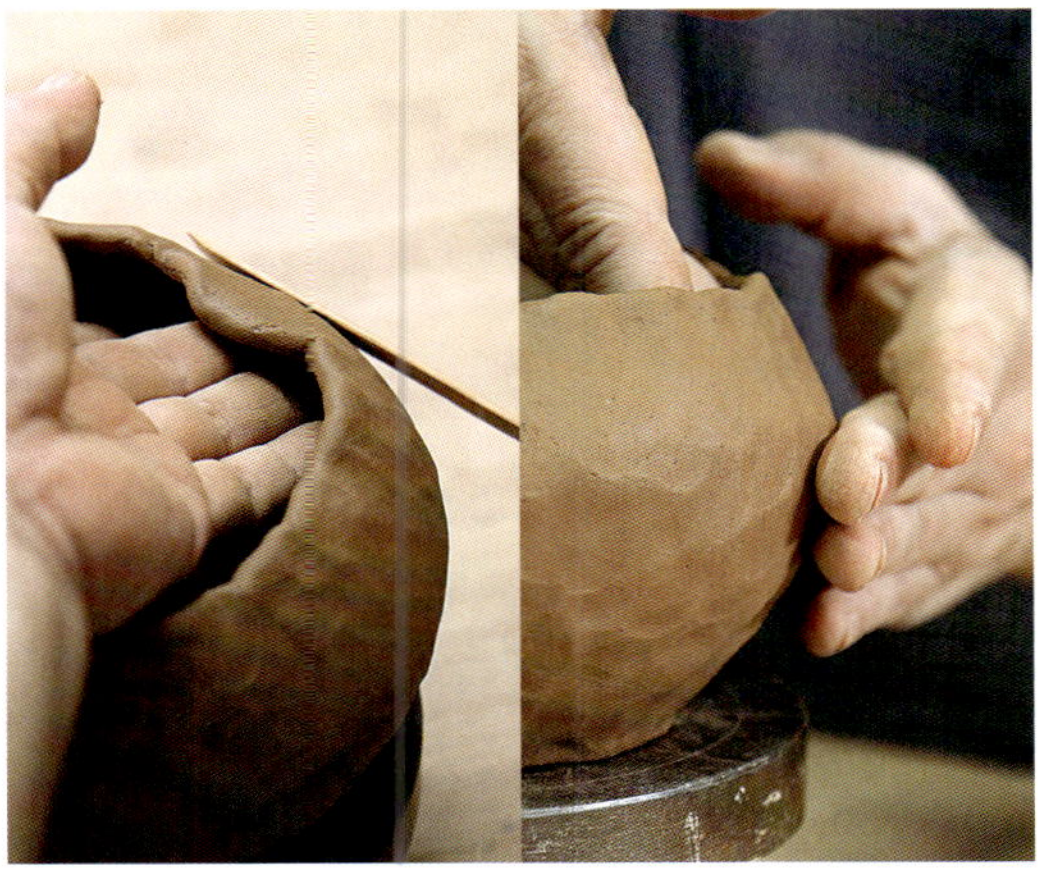

6
指やへらで指跡をならす。指跡や稜線を消し、滑らかでハリのある器形に仕上げる。2〜3時間おく。

7
開いた口に合わせて太めのひもを作り、口の下にひもを入れ、つまみ合わせて接着する。

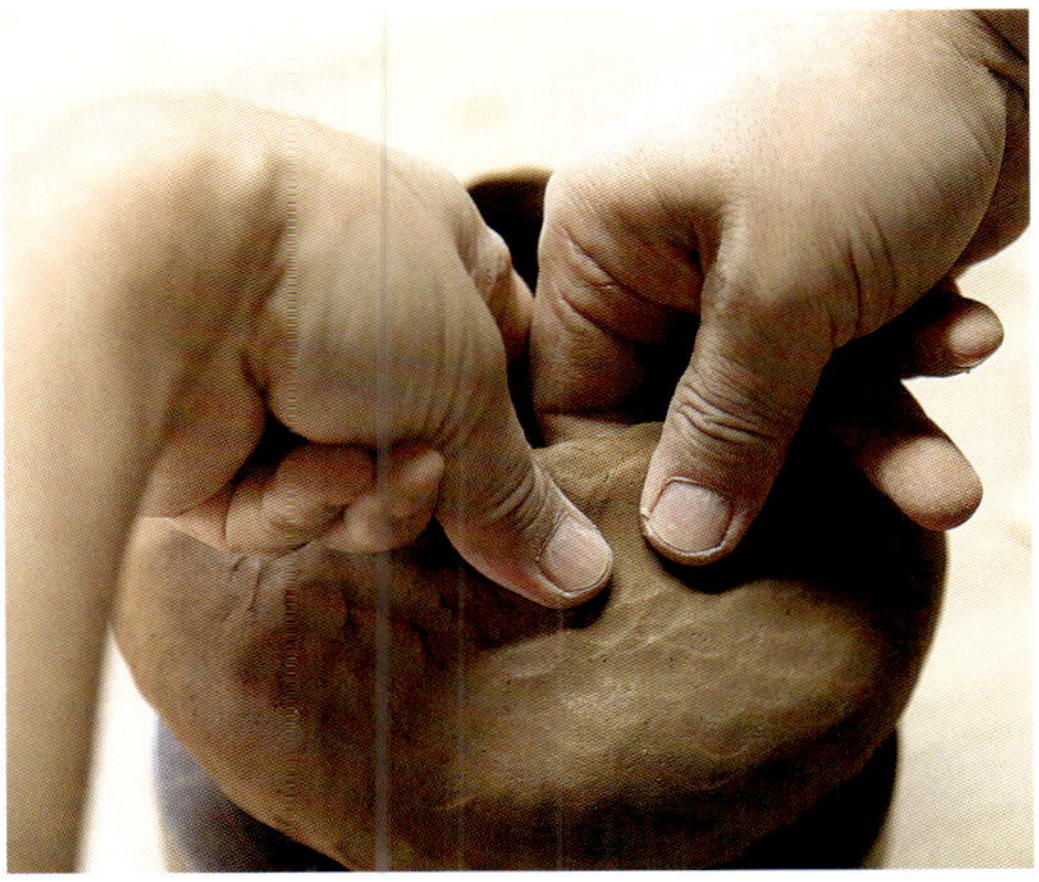

8
厚みが均一になるように継ぎ目をならしながら、縁に向かって土を寄せていく。

9
器の中に指を入れて下から丸みを持たせ、土の重みで落ちてこないようにする。落ちたときは柄ごてを差し入れて持ち上げる。

10
穴の縁を高くして、栓の受け口を作る。受け口ができたら、高台が削れるくらいまで半日ほど乾かす。

本体の仕上げ

1
剣先で受け口の上を切り落とす。硬くて切れないときは、濡らした歯ブラシで縁をなぞってから切る。

2
ひもで受け口より小さめの輪を作り、受け口にはめてつなげる。

3
口辺を少し外に広げ、栓をしたとき隙間ができないように板で叩いて水平にする。上から見て口が丸になるように整える。

4
底の厚い部分を本体内側のカーブの角度に合わせてスクレーパーで粗く削り取る。

5
全体が同じ厚みになるまで、りんごの皮むきのようにへらで削る。指で押してみて動くくらいが、ちょうどいい厚さ。

6
厚みが決まったら底のカーブに合わせて水牛の角をしならせ、表面を削ってならす。肩周りも形にハリを出すようにならす。

7
受け口の内側の壁を針で削って修正し、外側は棒でならして整える。

パーツの成形と接合

1
コルクのような形にした土の中央に棒を差し込んで、受け口に合う栓の形を作り、栓の先を弓で引き切って平らにする。

2
栓の縁を印花で捺し、模様をつける。栓の上部に細いポンスで空気穴を開ける。少しずつ開けるのがポイント。

3
丸めた土に棒を刺し、指で回しながら押さえて注ぎ口の形にする。

4

注ぎ口の先を弓でまっすぐ引き切ったら、片側から指で押し、隙間を空けて棒から外す。

5

注ぎ口のつけ根を指で薄くし、内側を棒でならす。注ぎ口のつけ根は弓で斜めに切る。

パーツの接合

1

本体を持って傾けたときに注ぎ口がまっすぐふれるところを目安に印をつけ、ポンスで穴を開ける。

2

穴の周囲を剣先で細かく傷つけ、濡らした歯ブラシでこすってドベを作る。土が硬いときは穴の周囲を刷毛で濡らしてから行う。

3

注ぎ口が乾いたら、根元を歯ブラシでこすって本体に取り付ける。継ぎ目は指でならす。

4

本体に剣先で線を描き入れる。

5

注ぎ口の厚みを均一に整え、下側が出っ張った形にする。

6

成形完成。装飾に関しては、17～21頁、31、32頁を参照してください。

陶芸実践講座◎第4回

耐熱の土鍋

耐熱性のある代表的な陶の器は「土鍋」。寄せ鍋などの鍋料理に使い、主に冬が出番の器という印象があります。しかし、深型や浅型、北アフリカのタジン鍋などバリエーションに富んだ土鍋は煮込み、焼き物、蒸し焼きとあらゆる料理に使えます。

さらに水コンロ（七輪）があれば、卓上で調理しながら食事をしたり、床に置いて火鉢のように餅や干し芋をあぶって、のんびりとした時間を味わったりと、食の楽しみが広がります。

ここでは、煮込み料理に使いやすい土鍋の作成方法を解説します。土鍋作りのポイントは、「熱に強い土」を使うこと。また、全体を均一な厚さにして、熱がこもりにくい状態にすることも重要です。こてやヘラを使って、土の厚みを均一にするように工夫します。

食材の持ち味を引き出す土鍋作りをマスターして、四季折々の旬を料理してみましょう。

耐熱の器の魅力とは

土鍋をはじめとする陶製の調理器具は米、野菜、魚、肉、どんな食材にも熱を柔らかく伝え、少量の調味料でも味がなじみやすく旨みを凝縮します。火にかけてからの温度上昇がゆるやかで、保温性に優れているため、深型の土鍋ならおでんやシチュー、カレーなど長時間煮込む料理に適しています。

汁気の少ないパスタやグラタンには浅型の土鍋が便利。鍋ごと食卓に出して取り分ければ、アツアツの美味しさが味わえます。さらにフラットな陶板なら、卓上でステーキを焼くこともできます。

材料とできるだけシンプルな調味料を入れて火にかけたら、流れる時間が最高のスパイスです。調理しながら、会話し、料理の作り手も食べ手も一緒に鍋を囲んで味わうひとときは、土鍋だけの楽しみ。蓋を開けたときに広がる期待と湯気が何よりのごちそうです。

また、土鍋と同じ耐熱性の材料で作る水コンロや土瓶があれば、卓上の楽しみが広がります。

土鍋の種類

以前は底の広いどっしりしたタイプが主流でしたが、最近では用途に合わせて形状も様々な土鍋が登場しています。すっかり定番となった炊飯用土鍋や洋風料理の煮込みをするキャセロール、煮物などおかず作りに便利な片手鍋、一人用の小鍋などがあります。ここでは日常で使いやすい2つの鍋を紹介します。

土鍋のサイズ

従来の7寸、8寸などのサイズ表記に加え、直径を基準とした号表記があります。1号を1寸（約3センチ）として表しますが、メーカーや土鍋の形状によって若干大きさが異なるので注意しましょう。選び方の目安としては1人用が6号、2～3人用が7号となります。

土鍋の土

土鍋は直接火に掛けるので、通常の土を使うと、割れてしまいます。耐熱性が高く、熱膨張が低くなるという性質を持った「ペタライト」を配合した専用の土を使うのがお勧め。陶芸材料店で手に入ります。

●丸小鍋

一般的な形状の土鍋でやや小ぶり。サイズはデザインによって差がありますが、直径が大体22センチ前後。ご飯を炊くなら2合まで。鍋焼きうどんや湯豆腐など一人で食事をするときや、あと一品ほしいときの少量の煮物を作る際に便利です。

●浅鍋

底が浅く広いので、焼いたり炒めたりする調理に適しています。すき焼き、パエリア、あさり蒸しなどの幅広いジャンルの料理に対応できます。

土鍋作りに必要な道具

ろくろ成形の主な道具

①こて　土を挽き上げた後、土の表面を均一にならすために使います。

②刷毛　土を挽く前に表面を濡らしたり、蓋のつまみをつける際、接着部分を濡らすために使います。

③へら　成形の際、余分な土を削ったり、形を仕上げるときに使用します。中央の四角いへらは、ろくろから作品を外す際に使います。

④針　本体の底や蓋の厚みを見るとき、差し込んで測ります。

⑤雑巾　土を挽き上げる際に使います。鍋用の土はコシがないので、手早く挽くために使いやすい大きさや厚さのものを用意します。

⑥皮　縁を滑らかに仕上げる際に使います。

削りの道具

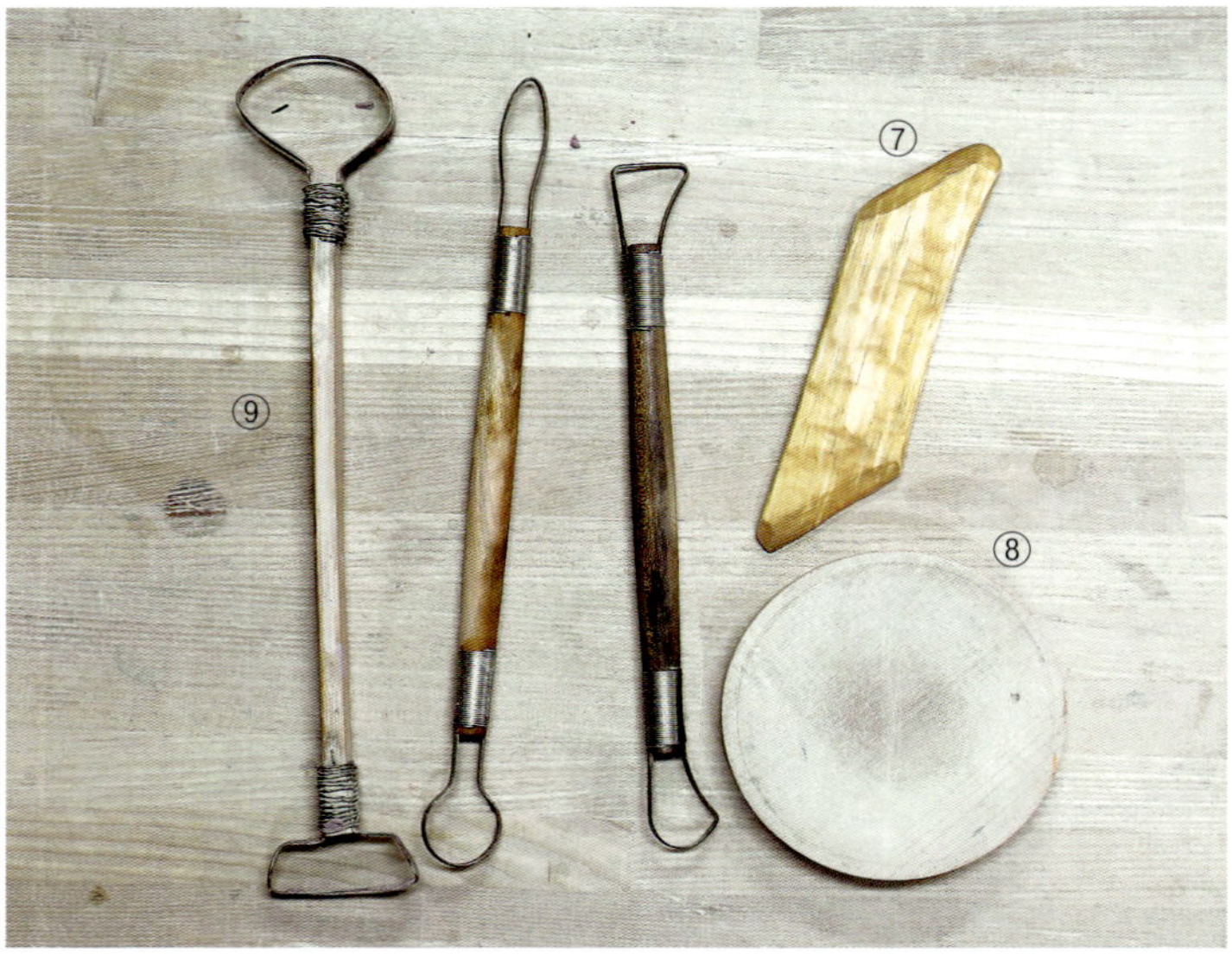

⑦削りべら　土が柔らかいときの高台や底の削りに使用します。

⑧丸板　土が少し柔らかい状態のとき、カンナを支える手を当てたところが凹まないよう、保護するために使います。

⑨カンナ各種　本体や蓋の内側や外側、つまみなどの小さいパーツなど削る部分によって、形を使い分けます。

取っ手作りや穴開けに使う道具

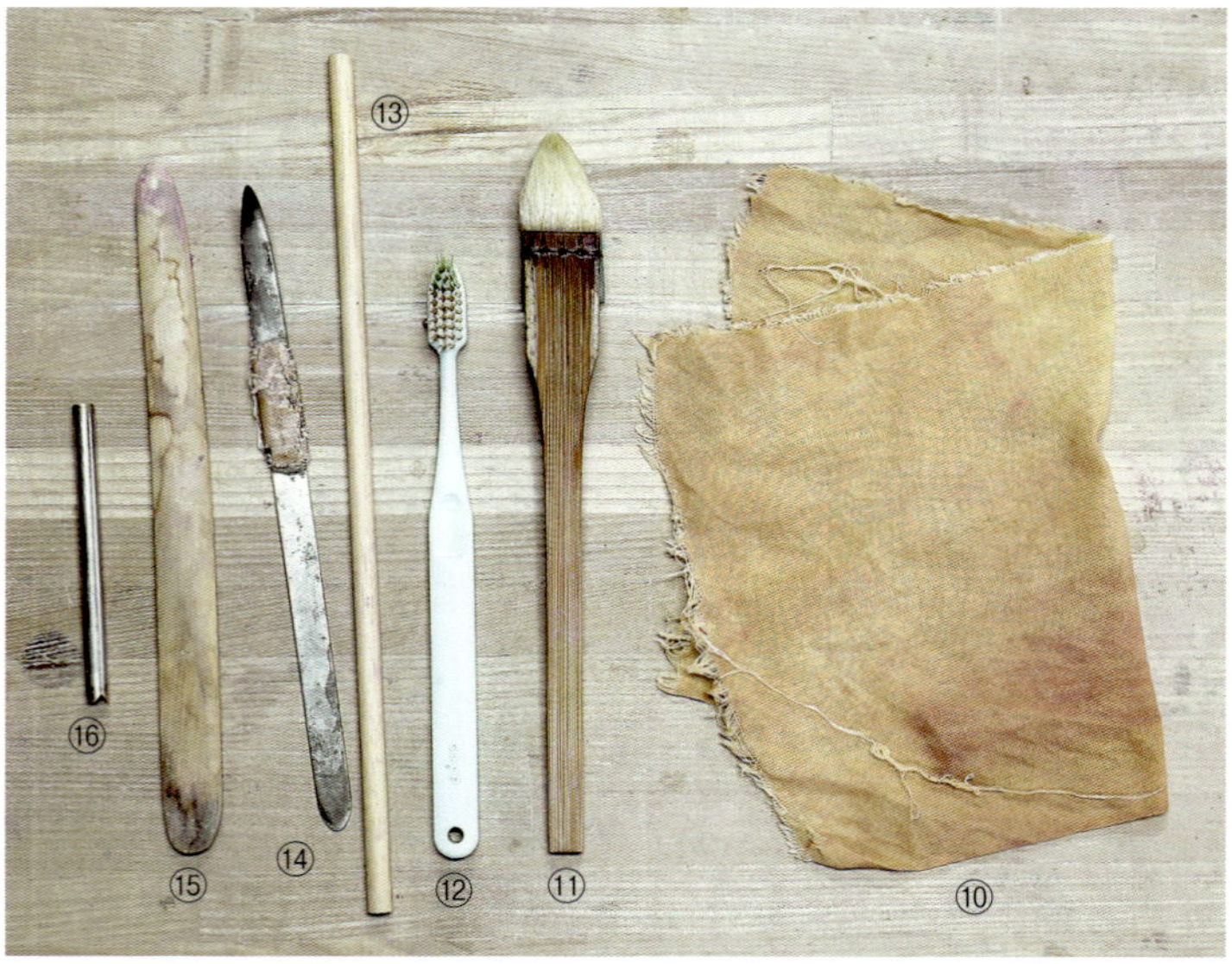

⑩さらし　取っ手部分の成形に使います。布目を生かして模様をつけることもできます。

⑪刷毛　取っ手をつける際、接着部分を湿らせるために使います。

⑫歯ブラシ　取っ手をしっかりつけるためのドベを作る際に使います。

⑬棒　取っ手を成形するとき、形を整えるために使います。

⑭剣先　金属製で先がとがっており、取っ手の余分な土を切り取る際に使います。

⑮へら　取っ手の装飾に使います。

⑯ポンス　蓋に空気が抜ける穴を開けます。

土鍋を作る

今回は鍋物やカレーなど煮込み料理に使いやすい、底が広く平らな土鍋を作ります。土は耐熱性と熱伝導率の高いペタライトを配合した鍋土を使用します。成形のポイントは全体を同じ厚みにすること。厚みに差があると熱がこもってひびや割れの原因になります。コシがない土なので、一気に挽き上げましょう。

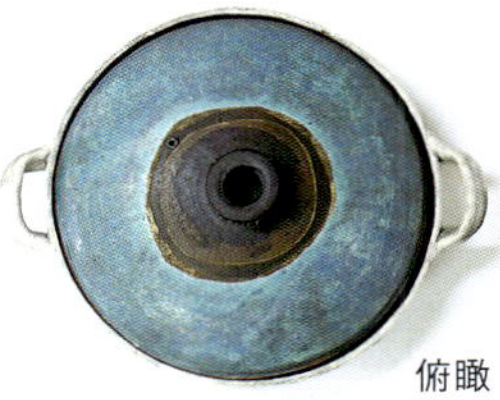
俯瞰

見込

土：耐熱鍋土(赤)
焼成：中性炎焼成
釉薬：化粧土、蛙目系マット釉、青釉、黒釉、麦釉

本体の成形

1

耐熱鍋土を4キロ分用意し、土練りをする。土の硬さを均一にして空気をしっかりと抜く。

2

ひもをろくろに押しつけた上に、かめ板をのせて叩いて板を固定する。

3

かめ板にプロセス1で練った土をのせ、ろくろを回しながら叩いてならし、できるだけきれいな円形にする。

4

拳で土の中央を凹ませ、針で刺して底の厚さを測る。最終的に1センチ程度になるまで、薄くしていく。

5

土を挽き上げる道具として雑巾を用意する。自分の手になじむ大きさに畳み、糸端が出ないよう、布の端は内側に折り込む。

6

水を含ませた刷毛で土の表面を濡らす。

7

外から中へと土を寄せ、手を入れて外側に広げる。土のブレがなくなるまで、この寄せて広げる動きを繰り返す（土ごろし）。

8

ろくろ挽きの際、刷毛で表面を均一に濡らす。

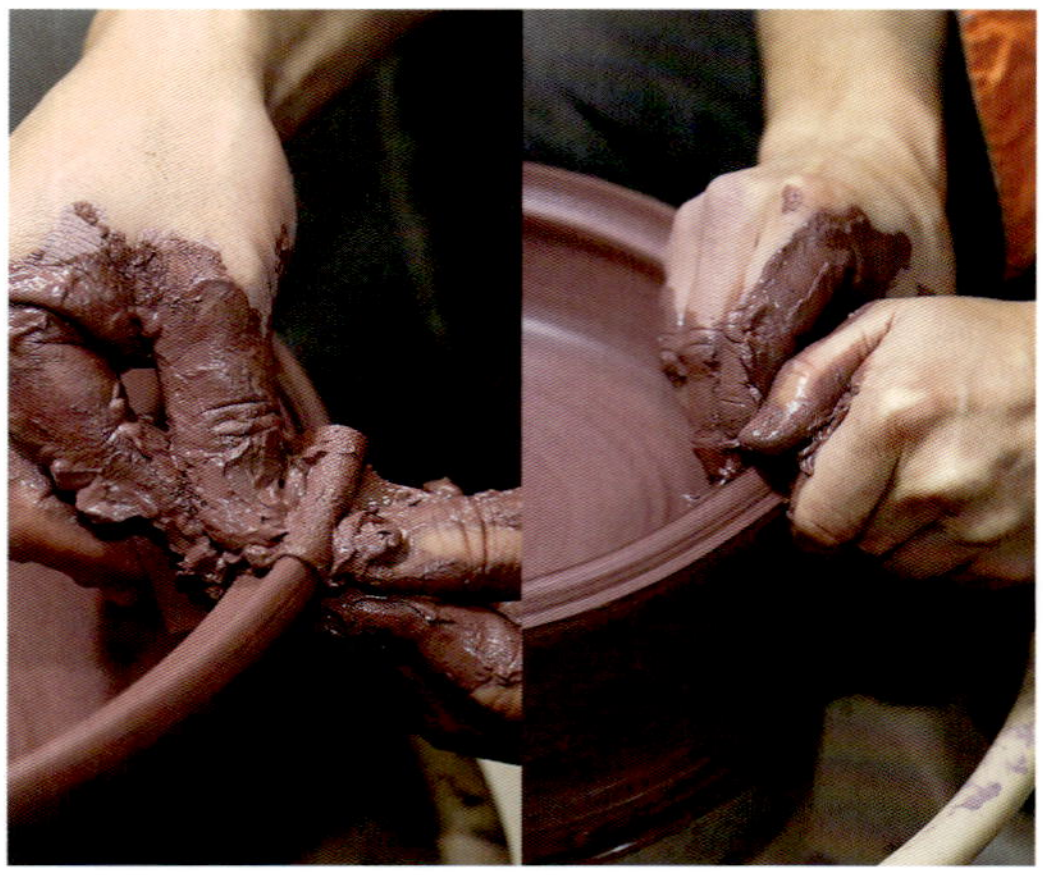

9

徐々に薄く挽き上げていく。コシがない土なので手早く一気に挽く。蓋を受ける縁のところは段差を作り、皮で縁をならす。

10

こてで底から本体の内側をならす。

11

針金を使って本体の直径を測る。後で蓋の直径と合わせる。

12

かめ板の下にへらを差し込んで、ろくろから外す。本体の成形の完成。装飾に関しては、17～21頁、31、32頁を参照。

蓋の成形

1

かめ板を叩いて水平にする。筆に水をつけて線を引き、ブレや歪みがないかをチェックする。

2

4キロの耐熱鍋土をのせ、ろくろを回しながら叩いてならし、できるだけきれいな円形にする。

3

拳で土の中央を凹ませる。

4

水を含ませた刷毛で濡らし、外から中へと土を寄せ、手を入れて外側に広げて土をころす。

5

本体の内側の指に力を入れ、雑巾を使って丸く挽き上げる。

6

こてで底から内側をゆっくりと均一にならしていく。

7

針金を使って蓋の直径を本体の直径と合わせる。皮で縁をならす。

8

ろくろから外し、屋内で1日乾燥させる。蓋の成形の完成。装飾に関しては、17頁〜21頁、31、32頁を参照してください。

削りから仕上げ

1

削る前に本体をひっくり返しておく。ろくろの中心を合わせ、凹まないように削りで手を置くところに小さい板をのせる。

2

底の直径を測る。

3

へらで底のへりから削る。全体が同じ厚みになるように削るのがポイント。厚い部分があると、そこに熱がこもってしまう。

4

蓋を削り出す。土が固くなったら、カンナで削る。ある程度削ったら、のこぎりの刃でつまみの継ぎ目にキズをつける。

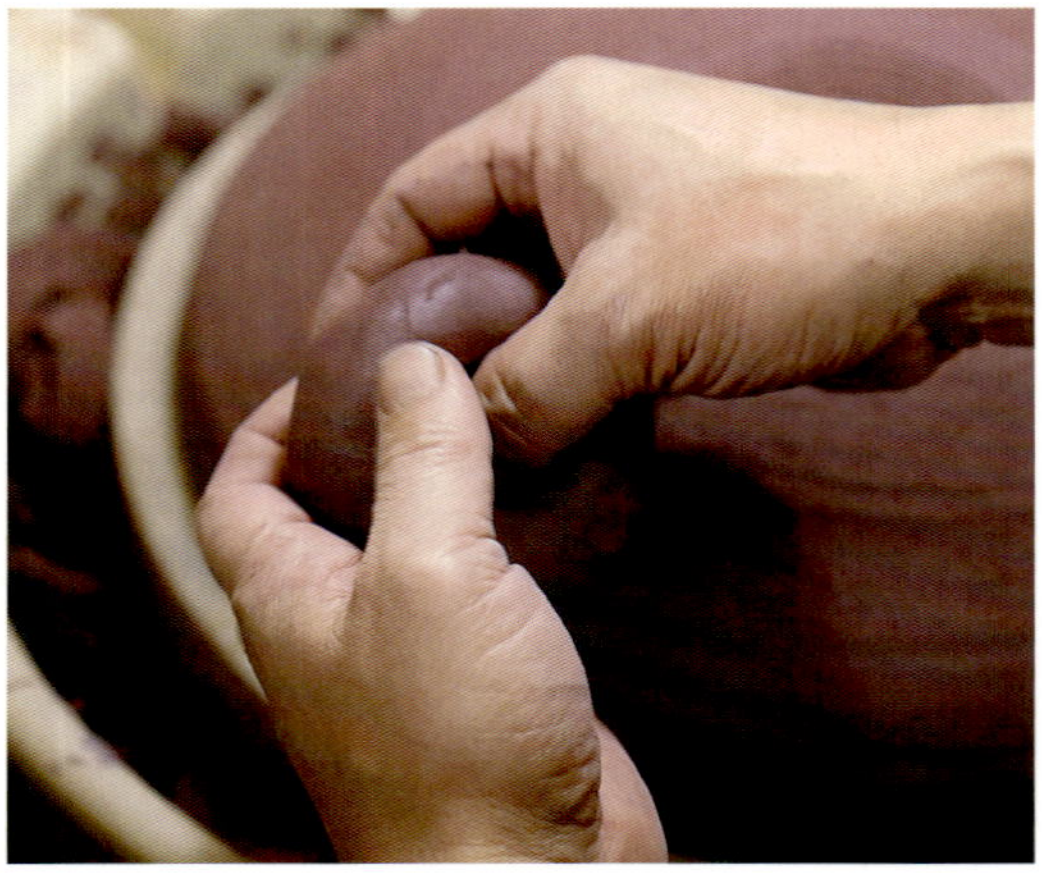

5

おにぎり大の土を取って丸め、ドーナツ状にする。

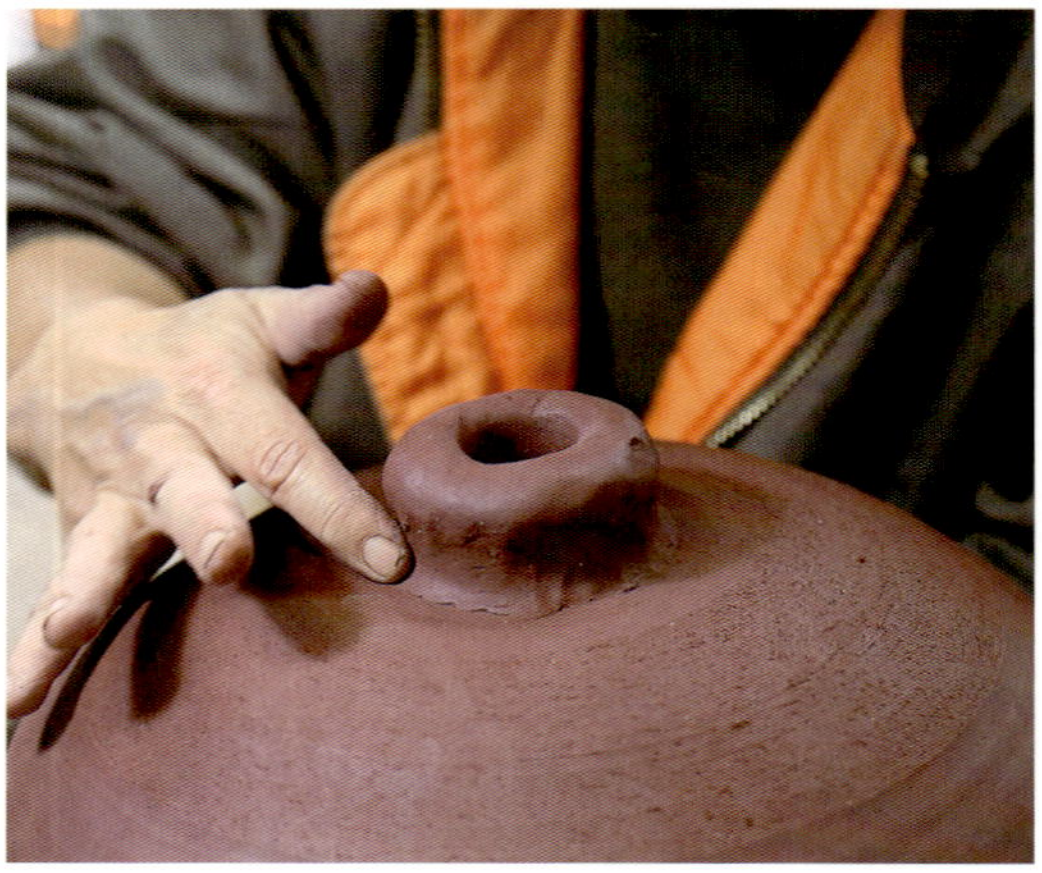

6

継ぎ目を濡らし、歯ブラシでこすってドベにする。手のひらに蓋をかぶせ、プロセス5の土を押しつけたら、指で継ぎ目をならす。

7

かめ板の上に蓋をのせ、ずれないように丸めた土で固定する。

8

つまみ部分に刷毛で水をつけ、形を整えながら挽き上げる。

9

針で余分な土を取り、つまみの内側と継ぎ目をカンナで削る。

10

蓋の外側もカンナで削る。つまみをつける前に削り上げてしまうと薄くなり、つけるときに凹むので、つけた後に仕上げる。

11

取っ手を作る。ひも土を2本用意し、さらしで巻いて指で挟んで締める。

12

棒で両側からおさえた後、中央にへらで線を入れる。さらしを外し、取っ手の形に仕上げる。

13

手ろくろの上に本体をのせ、板を目安に中心線を見つける。継ぎ目のところにのこぎりの刃で印をつける。

14

取っ手の大きさを調整したら、継ぎ目を濡らしてキズをつけ、ドベを作る。

15

取っ手を本体につける。重みで落ちないよう、取っ手の下に土をかませる。

16

蓋の上に土を少しのせ、ポンスで空気穴を開ける。成形の完成。

土鍋の使い方

土鍋に使われる耐熱土は目が粗くざっくりしているので、水漏れがしやすいのが難点。そのため新品の土鍋は水漏れを防ぐため、「目止め」をする必要があります。ここでは目止めの仕方と、土鍋を扱う上での注意点を紹介します。

●目止めの方法

①土鍋に軽く茶碗1杯の冷や飯と水を7~8分目くらいまで注ぎ、蓋を取って弱火にかける
②弱火でゆっくりと沸騰させ、焦げないよう時折混ぜながら1時間お粥を炊く
③火を止め、そのまま一晩おく
④土鍋を空け、柔らかいスポンジや布巾で水洗いする
⑤水気を拭き取り、風通しの良いところでしっかり乾燥させる

●土鍋を扱うときの注意点

・濡れたまま火にかけない
底が濡れた状態で火にかけると割れる場合も。必ず水分を拭き取ってから火にかけます。また、熱いままの土鍋を水につけると割れるので注意しましょう。

・空焚きや揚げ物はしない
土鍋は急激な温度変化や一定以上の高温に耐えられないため、天ぷらなどの揚げ物はやめましょう。

・使ったら冷ましてすぐ洗う
残った料理を入れたまま長く放置すると染みができやすくなるので注意。別容器に移し、鍋を冷ましてから洗いましょう。

・洗ったらよく乾かして収納
水気を拭き取ってから、しっかり乾燥させましょう。きちんと乾かさずにしまうと、カビの原因になります。

土鍋でご飯を炊く

土鍋調理の醍醐味は炊きたてのご飯。ふっくらと米粒がたったご飯は味も香りも格別。炊き上がりが多少柔らかすぎたり硬すぎたりしても、しっかり蒸らすことで美味しくなります。香ばしいおこげも味わって、ご飯を満喫しましょう。

●土鍋ご飯の炊き方

①米2合を水を3~4回かえながら、さっととぐ
②米をボールに移し、水に15分浸す。ざるに上げ、さらに15分おく
③土鍋に米と同量の水(2合なら360cc)を入れ、火にかける
④中強火で沸騰するまで7分加熱する(土鍋の大きさで沸騰までの時間は若干異なる)
⑤蓋の周りに泡が立ってきたら中火にして7分加熱する
⑥さらに弱火にして5分加熱する
⑦火を消して5分間蒸らす
⑧蒸らしが終わったら蓋を取り、全体をさっくりと混ぜ、水分を飛ばす

水コンロを使う

主に木炭を燃料として用いる調理用の炉には「七輪」と「水コンロ」があります。耐熱性の高い珪藻土で作られたものが七輪で、塊から切り出して成形・焼成する「切り出し七輪」や、珪藻土を粉砕してプレス成型した「練り物」などがあります。

水コンロは、土鍋を作るときに使う耐熱粘土で作る陶製のものです。珪藻土の七輪ほど耐熱性がないので、断熱のために水を入れるのが特徴です。水を入れることによって下のテーブルとの断熱効果がありますが、鍋敷は置いたほうが良いでしょう。

水を使うため火力は七輪より弱くなりますが、その分扱いやすく、卓上で干物をあぶるといった簡単な調理や酒の燗に便利です。

陶器なので形、色や模様のバリエーションが多彩で、自分の用途にあったものを作ることができます。

石炭を粉末にした固形燃料である練炭は一酸化炭素の発生量が多く危険なので、七輪での燃料使用は避けること。また七輪を室内で使用する際は十分な換気を行いましょう。

①

②

① 炭を準備する

炭は大きな塊のままだと着火しにくいので、いくつかは細かく割っておきます。

② 火をおこす

家の中で炭火をおこすには、ガスで着火する方法が確実。「火おこし」に木炭を入れて火にかけ、炭の1／3〜1／2が赤くなるまで熱します。途中、炭が爆ぜるので注意しましょう。

③

④

③ 炭火を移す

外器の底に水を張り、火皿の上に着火した炭を移す。水を張ることで、急激な温度上昇によるひびや割れを防げます。

④ 網をのせて焼く

炭全体が赤くなったらしばらくおき、火が鎮まり、灰がかぶったら網をのせます。餅や魚の干物はもちろん、きのこをあぶって焼くのも美味。

陶芸実践講座◎第5回

香りと灯りの器

どこもかしこも明るい照明に照らされている現代社会。東日本大震災以降、交通機関から自販機にいたるまで節電が呼びかけられ、街が薄暗くなったことは記憶に新しいところです。

無駄な照明を減らす、間接照明を取り入れるといったことから、いまランプやキャンドルなどの温かみのある灯りに注目が集まっています。

また、照明の見直しにともなって、植物から抽出したエッセンシャルオイル（精油）を用いて心と身体をすこやかなバランスに整えるアロマセラピーにも注目が集まり、精油を温めるための「アロマポット」を用いて、ご自宅で香りを楽しむという方も増えています。

今回の講座では、灯りと香りを楽しむアロマポットの作り方と、ランプシェードの仕上げ工程を紹介します。アロマポットは、熱源となるろうそくを設置するための本体と精油を入れるための上皿を陶器で作ります。また、ランプシェードは、筒型に作っておいた本体に電球やソケットを取り付けます。

小さくともる灯りがもたらす、柔らかな心地よさ。思い思いの灯りを作ってみましょう。

中の灯心を植物油に浸して燃やすアロマポット。

香りの器　アロマポット

通りすがりに咲いていた花の「香り」を嗅いで、落ち込んだり、頑《かたく》なになった心がふとやわらいだ、といった経験は誰しもあることでしょう。

植物から抽出した精油（エッセンシャルオイル）を使って、心と身体をすこやかなバランスに整えるアロマセラピーとは、ごく簡単に述べるといい香りを感じて心身をよりよい状態にすることです。

精油の香りを鼻から吸入して体に取り入れる芳香浴に便利なのが、アロマポット（オイルウォーマー）と呼ばれる芳香拡散器です。

基本的な使い方は、まず本体の上部にあるくぼみや皿に水、またはぬるま湯を入れ、部屋の広さに応じて精油を1～5滴垂らします。次に本体下部にろうそくを設置して点火、発する熱で水分の蒸発とともに精油の香りが広がります。使用上の注意は、空焚き防止のために差し水をすることと、ろうそくの火は不在時や就寝時は必ず消すこと。

使う精油の種類によって、気分がシャキッとしたり、ゆったりなごんだりといった香りの働きが現れます。その日の気分や体調に合わせて選んだり、玄関やリビング、寝室など部屋の用途ごとに精油を変えてみてもいいでしょう。

ろうそくの温かい灯りと、精油の香りをやさしく広げるアロマポットは、立ち止まって深呼吸したくなるような、ゆるやかな時間とやすらぎの空間を手に入れるくらしの器なのです。

灯りの器　ランプシェード

シェードとはランプや電灯の「かさ」を指します。強い日差しから守る日傘のように、光源が放つ光をやわらげ、灯りの広がりを作りだします。

ランプシェードの素材や形状で、灯りの雰囲気が変わり、空間全体のトーンも大きく変わります。素材は布製が一般的ですが、和紙や木、籐、ガラス、プラスチックとあらゆるものが使われます。

今回は、陶器で作った壁掛けや床置きタイプを紹介します。釉薬や絵付けなど豊かな装飾性を生かして、灯りをつけていなくてもオブジェのような存在感を出せるのが陶製のランプシェードの魅力です。

灯りをつけたときの表情の変化を楽しんでみましょう。

昔の灯り～ひょうそく（たんころ）～

江戸から明治にかけ、ろうそくに代わる灯りの道具として使われていたものに「ひょうそく」があります。

碗状の陶器の形がひょうたんに似ているところから、「ひょうそく」「たんころ」と呼ばれ、中央のへそのような突起に立てた灯心を菜種油などの植物油に浸して燃やします。

長く伸びる炎のゆらぎは、ろうそくとも電球とも違う雰囲気が楽しめます。

アロマポット作りに必要な道具

①**牛べら**　本体の底を均一にならすために使います。

②**へら、こて**　成形の際、余分な土を削ったり、形を仕上げるときに使用します。

③**丸板**　土が柔らかい状態で削る際、へらを支える手を当てたところが凹まないよう、保護するために使います。

④**剣先、針**　土を切り取ったり、文様を切り出す際に使います。

⑤**しっぴき**　底を切り離すときに用います。

⑥**針金**　本体や蓋の直径を測るための道具。

⑦**印花、印花ローラー**　通常は花模様や幾何模様を彫った印判を用いますが、判型のものをローラー型にすることで、均一な文様を広い範囲につけることができます。写真は自作のもの。

⑧**手ろくろ**　土をのせて成形したり、削るときの作業台として使います。等間隔に放射状の線をつけておくと、文様をつけるときの目安になり、便利です。

アロマポットを作る

アロマポットは、熱源となるろうそくを据える円筒形の本体と、水と精油を入れる上皿から成っています。

本体を作る前に、使用するろうそくのサイズを確認し、ろうそくを出し入れする余地も見込んで寸法を決めます。

装飾のポイントにもなる灯りが外にこぼれ出る様子をイメージしながら、本体の側面と裏面に穴を開けましょう。

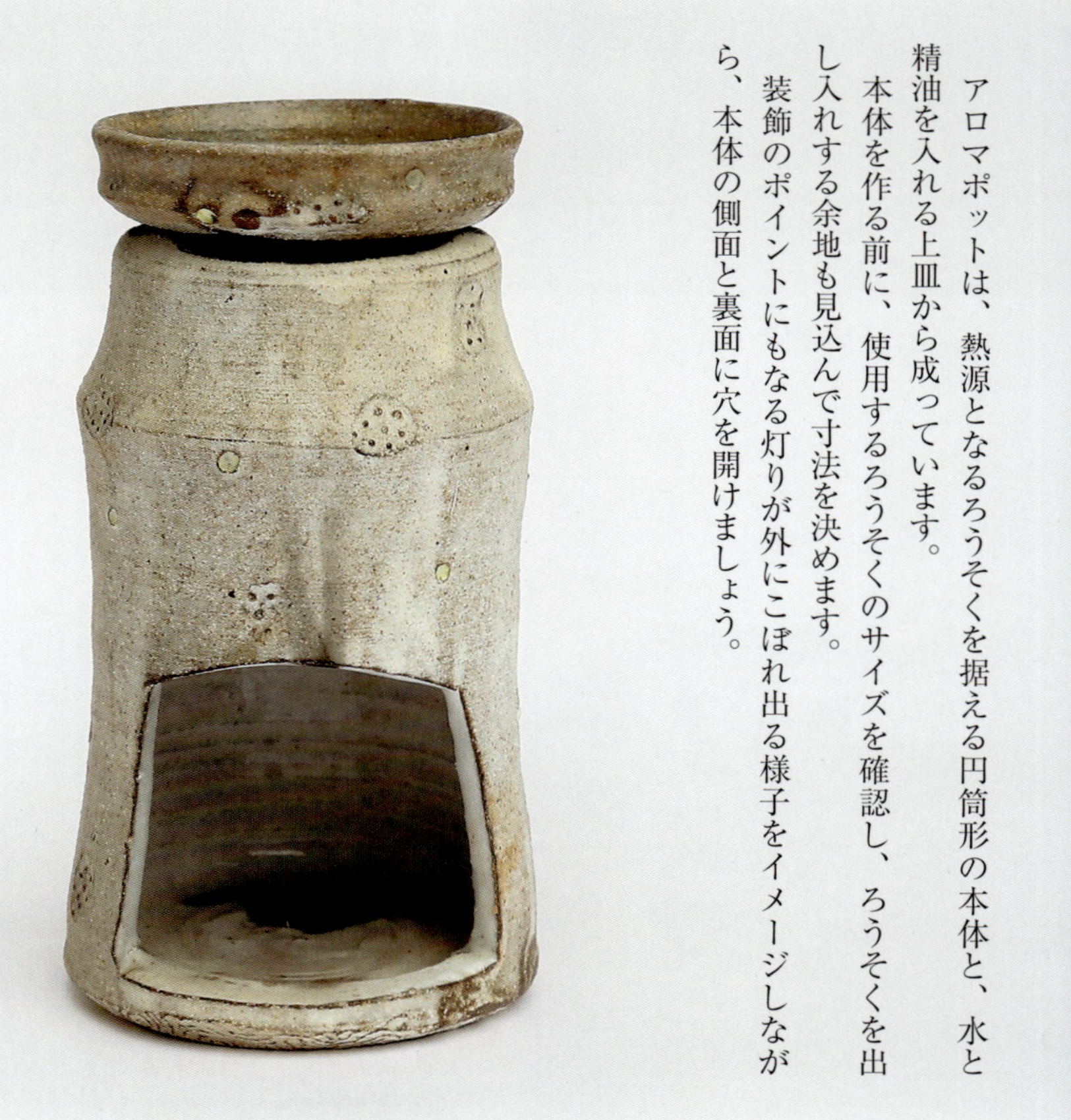

裏面

土　：島根土、楽土、信楽土のブレンド
焼成：中性炎焼成
釉薬：化粧土、蛙目系マット釉、麦釉

本体の成形

1 菊練りをした1キロの土をろくろにすえて、土をころす。

2 土の厚みを見ながら筒状に挽き上げる。

3 牛べらを底に差し入れ、平らにならす。

4 両手を添えて、口に向かってすぼませる形にする。

5 形を整えたら、こてを添わせて表面をきれいにならす。

6 口径を針金で測ってから、しっぴきでろくろから切り離す。

上皿の成形

1 本体の口にはめ込めるよう、深さのある形に挽く。

2 本体に収まるように針金を使って上皿の直径を測る。

3 縁を皮でならし、しっぴきで切り離す。

装飾と仕上げ

1 成形後、一日乾燥させる。手ろくろにのせ、切り取る部分に剣先であたりをつける。

2 ろうそくを入れる開口部の土を切り出す。口からのぞきながら、下まで切り過ぎないよう注意する。

3 剣先で側面と裏面に、光がもれる穴を開けていく。

4 熱が本体にこもらないよう、上皿がはまるところを剣先で切り取る。

5 切り取ったところに印花ローラーを転がし、口辺をならすと同時に文様をつける。

6 さらに印花で文様をつけていく。

7 全体のバランスを見て形を整えたら、完成。このあと素焼きしてから施釉し、本焼をする。

アロマポットを楽しむために知っておきたいこと

ここでは、アロマポットで精油の香りを楽しむためのごく基本的な知識を紹介します。
入浴やマッサージなど、精油を直接肌から吸収する方法については、精油を取り扱う店舗でたずねるか、アロマセラピーの専門書籍を参考にして行ってください。

精油の効用

精油とは、香りを放つ樹木や草花、柑橘類が日光や土から得た栄養を吸収して、花や葉、果皮、樹皮、根、種子、樹脂に蓄えて作られた生命のエッセンスです。

その精油の香り成分を「いい香り」と感じると、信号となって脳に働きかけ、ホルモン分泌や自律神経の調節を司る視床下部が影響を受けて、心身のバランスをすこやかに保とうとします。

精油に含まれる成分によって、神経を鎮静・亢進《こうしん》したり、免疫力の活性化、細菌に対する抗菌作用などの働きをもたらします。

精油の選び方

精油の香りには大きく分けて2つのタイプがあります。しずんだ心を高揚させ、元気づけるリフレッシュタイプと、イライラした心をなだめて落ち着けるリラックスタイプです。

よく使われる主な精油を心への働きと香りの種類に分類したので、選ぶ際の参考にしてください。

精油の香り成分は、嗅いだ人が「いい香り」と感じることによって、心身に働きかけます。その日の気分や体調によって「いい香り」は変化するので、タイプ別にいくつか揃えておくと便利です。

また、同じラベンダーの精油でも種類やメーカーによって香りが異なるので、アロマセラピーやハーブの専門店などで香りを比べてみましょう。

心身への働きと香りの組み合わせ

*リフレッシュ×甘い
オレンジスイート　グレープフルーツ
レモングラス

*リフレッシュ×すっきり
ペパーミント　ローズマリー
ティートリー

*リラックス×甘い
ゼラニウム　ラベンダー　イランイラン

*リラックス×すっきり
ブラックペッパー　サイプレス
ジュニパー

精油を扱う際の注意点

・原液を飲んだり、触れたりしない

精油は飲用ではありません。また、原液に直接触れると刺激やかゆみを感じることがあります。

・良質な精油を選ぶ

ラベルを見て、品名（植物の名前・通称名）、学名、抽出部分（位）、抽出方法、生産国（地）または原産国（地）、内容量、製造年月日、発売元または輸入元といった情報が正しく、わかりやすく表示されている精油を選びましょう。

・きちんと保存する

紫外線や温度変化により、酸化したり変質するので、直射日光や高温多湿を避けて冷暗所に保管します。開封後は1年を目安に使い切りましょう。柑橘系の精油ならば開封後約半年。また、精油は揮発性が高く引火しやすいので、蓋をきちんと閉めましょう。

ランプシェードの形・ランプの取り付け方

●ランプシェードの形と配線

ランプシェードは電球を取り替えなくてはならないので、蓋が必要になります。また、ソケット・電球の大きさは決まっているので、シェード内に入れても問題のないサイズにしておきます。電球を取り替える際のことも考慮して、手が入る大きさにしておきましょう。

ここでは、形の自由度をできるだけ妨げないように器具を取り付ける方法を紹介します。

〇の部分に15mm径・〇の部分に10mm径の穴を空け、電球・コードを取り付けます。

右端の92mmは、でき上がりのサイズなので、ナット・ワッシャーの余裕をみて100mmつくるときは、100÷0.85＝118mm。120mmくらいの余裕をみてつくりましょう。

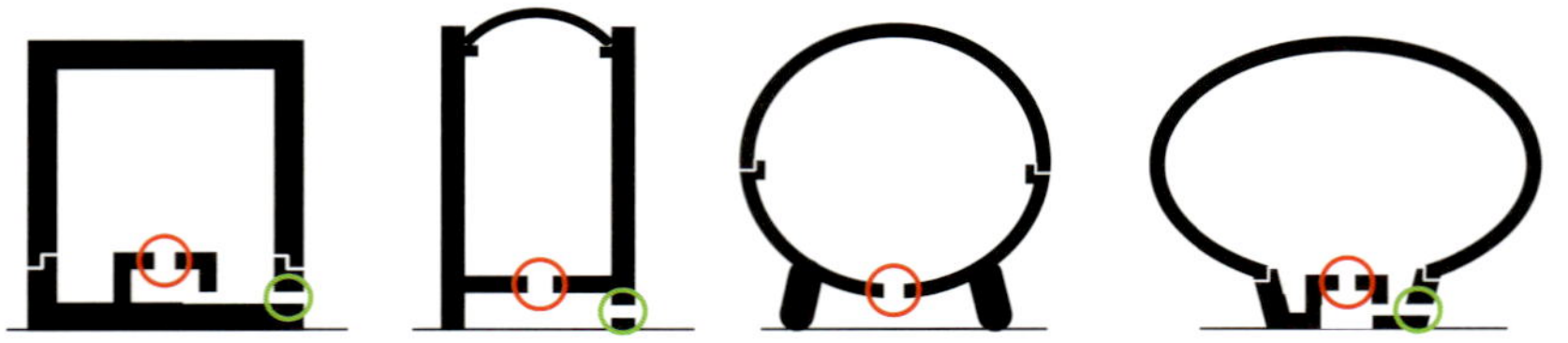

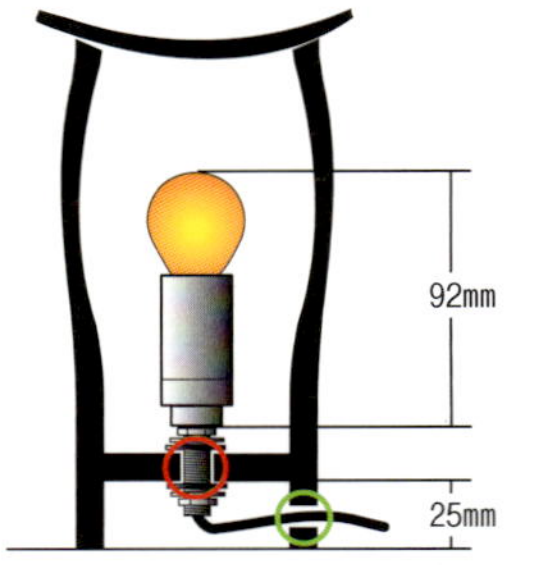

●ランプの取り付け方

ランプは中空ボルト・ナット・ワッシャーなどを使って、シェード下部に空けた15mm径に固定します。

コードは10mm径の穴に通します。

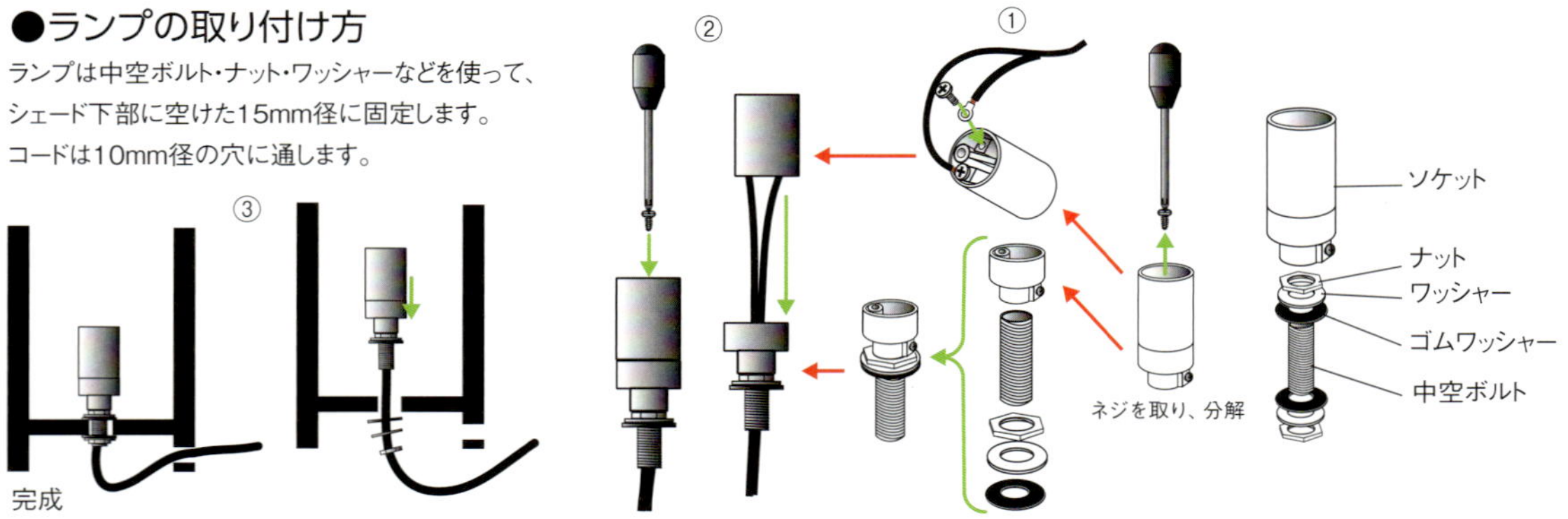

ランプシェード作り（仕上げ）に必要な道具

①**スプレーのり**　スプレータイプの接着剤。すばやく均一にのりづけができます。用途によって接着力が分かれているので、工作用の強力接着タイプを選びましょう。

②**ケーブル（ワイヤー）カッター**　ケーブルを切断するための専用工具。コードの被覆を切る際に使います。

③**ペンチ**　コードを切る際に使います。

④**はさみ**　ファイバークラフトや和紙を切る際に使います。

⑤**ドライバー**　部品のネジ外しやネジ止めに使います。

⑥**シャープペンシル**　形を写し取る際に使います。

⑦**ファイバークラフト**　木材パルプや綿を原料として作られた素材。丈夫で破れにくく、和紙のように光を通します。耐熱性があるためランプシェードに適しています。

⑧**和紙**　透光性にすぐれ、光を柔らかく通します。紙だけの色味と光源を通したときの色味が異なるので、光源にかざして選ぶとよいでしょう。

ランプの取り付けに必要な部品

①電球
シェードの大きさに合ったサイズを選びます。電球の形や色、光源の種類によって、灯りの雰囲気が変わるので、目的に合わせて白熱電球やＬＥＤ、ろうそくの炎の形をした特殊電球などを選びます。

②ソケット
電球の口金に合うものを用意します。

③ナット
④ワッシャー
⑤ゴムワッシャー
中空ボルトをソケットに固定する部品。

⑥中空ボルト
ソケットをシェード本体に固定するための部品。

⑦電源プラグ
コードをコンセントにつなぐための部品。

⑧中間スイッチ
手元で照明のオン・オフを操作するための部品。

⑨コード

ランプシェードを仕上げる

ランプシェードとして仕上げるまでの工程を紹介します。ロクロで筒型に挽き上げ、表面は月や星型を刳り貫き、裏面はランプとコードを取り付けるための穴を開けて焼成したボディを用意します。

ランプの光源は電球を使うので、ランプシェードと電球のつなぎ方がポイントです。ここでは、部品を組み立てていますが、電球、ソケット、コード、電源プラグ、スイッチなどがセットになった配線キットや照明キットもホームセンターや陶芸材料専門店で販売されています。

また、上部に皿を置くと、アロマポットとしても使うことができます。

裏面

和紙を貼る

1

和紙を貼るところに、ファイバークラフトのザラザラした面をシェードの内側から当て、外からシャープペンシルで形をなぞる。

2

形より大きめにハサミで切り抜き、形の周りに切り込みを入れる。こうすると器のカーブにぴったり密着する。

3

なぞった形が隠れる大きさに和紙を切る。プロセス2で作った型紙の上に和紙を重ねて形を写す。

4

和紙を形よりやや大きめに切る。

5

新聞紙の上にチラシ、ファイバークラフトの順に置き、スプレーのりを吹きつけ、のりが付いた面に和紙を貼る。

6

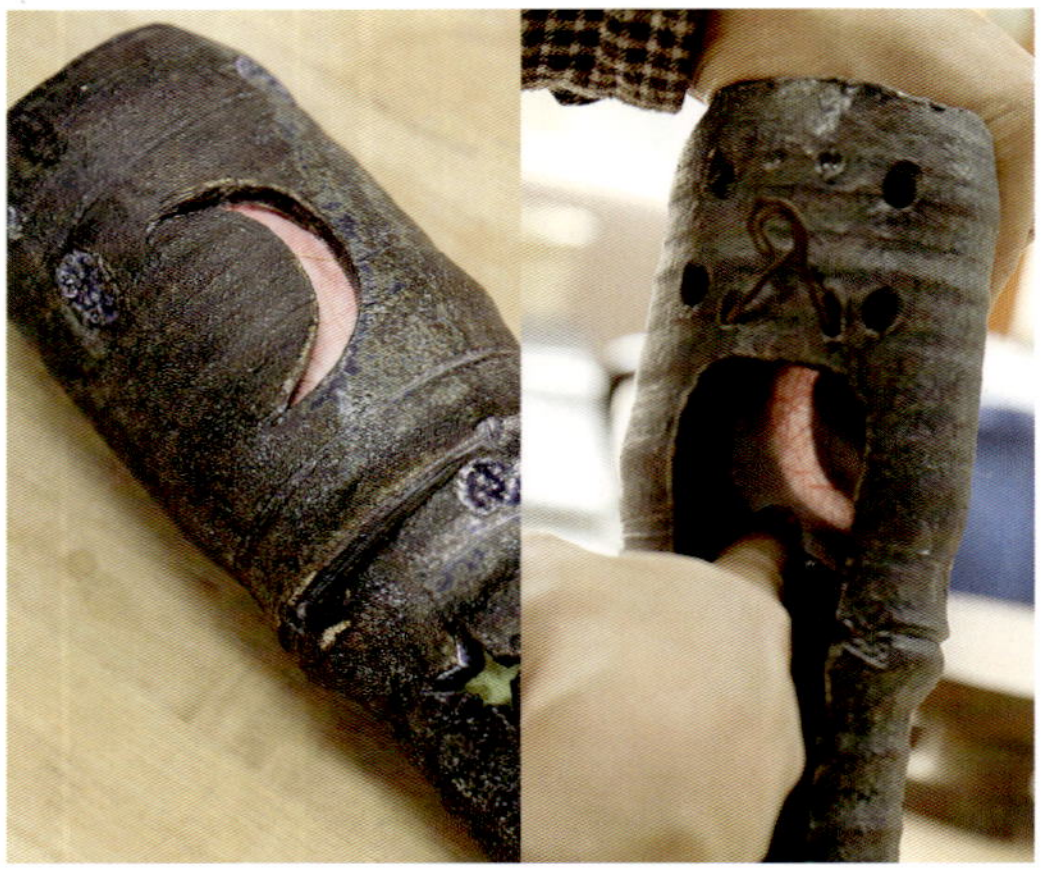

シェードの内側に、のりが付いた面を貼りつける。他の形も同様に行う。

ランプの取り付け

1

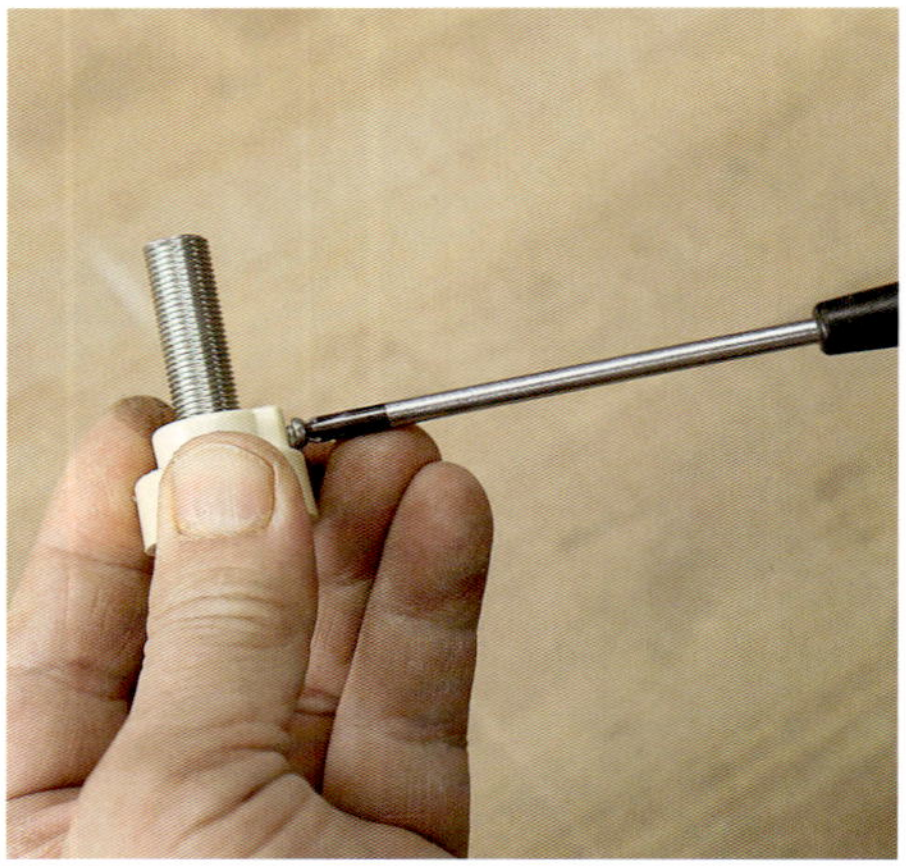

ソケットを分解し、ボルトの取り付け部に中空ボルトを差し込み、ネジで固定する。66頁の図解（「ランプの取り付け方」）を参照。

2

中空ボルトにナット、ワッシャー、ゴムワッシャーの順にはめていく。

3

プロセス2の部品をシェード裏側の隙間から差し入れ、ゴムワッシャー、ワッシャー、ナットの順にはめて軽く固定する。

4

ケーブルカッターでコードを切り、被覆から電線を引き出す。

5

ソケットの端子部のネジを外す。電線をねじって先を丸める。

6

電線を丸めたところにネジをはめ、ソケットの端子部にドライバーで取り付ける。

7

コードのもう一方の端を中空ボルトに通し、電線を取り付けたソケットをシェード内に引き込んでネジで固定する。

8

電源プラグを分解して、コードを取り付ける。

9

コードの途中をペンチで切り、中間スイッチをはめ込む。

10

電球をソケットに差し込んで完成。あかりを灯すと、60頁左上の写真のように、月と星が浮かび上がる。

陶芸実践講座◎第6回

掌《てのひら》で愛《め》でる蓋物《ふたもの》

小さな蓋をそっと開けたら、何が入っているのだろう……。想像と期待を誘いながら、中に入っているものを「ちょっといいもの」に見せる、そんな魅力が蓋物にはあります。

ここでは、ロクロ成形でふりかけ入れを、刳り貫きで朱肉入れを制作します。

ロクロ成形で蓋物を作る場合は、蓋と本体を時間をおいて制作すると、大きさが合わなくなります。また、本体の蓋受けや蓋の作り方には、複数の方法があります。主要なものを紹介するので、参考にしてください。

刳り貫きで蓋物を作る場合は、刳り貫いたり削ったりした部分が割れやすくなるので注意が必要です。こうした部分は、棒などを使って繰り返し締めておきましょう。

蓋物は他の器と比べると、使う目的が曖昧で用途に合わせて作られているもの以外は何を入れても大丈夫です。例えば、ふりかけ入れは、他にも梅干しやらっきょう、佃煮などの常備菜を入れるのに便利です。小さめに作って、酒肴を盛りつけてもいいでしょう。朱肉入れは、作り方を援用して「判子入れ」を作ることも可能です。

作っておけば、必ず何かの役にたつ。そうした柔軟さも蓋物の魅力です。

蓋物の数々

蓋物の楽しみ

くらしの中で使う陶製の蓋物といえば、シュガーポットや茶碗蒸しの器、茶道具として使われる食籠《じきろう》など食べ物を入れたり、アクセサリーや小物の収納器として使われています。また、香炉も蓋物のひとつといえます。

料理を盛りつけるためでもなく、花を愛でるためでもなく、また単に装飾品というわけでもなく、使う目的は他の器と比べて曖昧であり、広範囲にわたります。用途に合わせて作られているもの以外は「何を入れてもOK」。いってみれば、ただ蓋のある入れ物、それが蓋物です。一方で、あえて蓋をつけることで使いやすくしたり、使い方を広げることもできます。例えば、73頁の蓋付き灰皿は、蓋をすると灰の飛び散りを防ぎ、持ち運びがしやすくなります。また、72頁下の蓋物は普段は置物として、蓋を外してろうそくを入れれば、キャンドルホルダーとしても使えます。

さらに大切なのは、蓋物に入れることで、中身に特別感を与えられること。ふりかけや七味を買ってきた容器のまま卓上に置いてあるのと、洒落た蓋物に入れてあるのとでは、蓋物に入れた方が美味しそうに見えるでしょう。今回制作した判子入れや朱肉入れにしても、なくては困るものではなく、市販品で代用できるけれども、使い勝手や佇まいがこれでなくては、と思わせる存在感があります。

なくてもいいけれど、ないと淋しい。使い手に使い道を委ねながら、そこにあるだけで心を和ませてくれる。用を果たすプラス、気持ちのゆとりから生まれた器、それが蓋物なのかもしれません。

蓋物は判子など
様々な小物入れ
として使えます。

普段は置物、蓋をあければ
キャンドルホルダー。

蓋付きの灰皿は灰も飛ばず、蓋物としてもシャレています。

蓋物作りに必要な道具

①手ロクロ　土をのせて成形したり、削るときの作業台として使います。等間隔に放射状の線をつけておくと、文様をつけるときの目安になり、便利です。

②しっぴき　底を切り離すときに用います。今回は水糸を張ったものを用意し、判子入れの側面に文様をつける際にも使います。

③へら、こて　成形の際、余分な土を削ったり、形を仕上げるときに使用します。

④かきべら　本体や蓋の内側を刳り貫く際に使います。

⑤剣先各種　土を切り取ったり、文様を切り出す際に使います。

⑥棒　刳り貫いた底を締めたり、蓋受けの口の段差を押し固めるときに使います。

⑦弓　つまみなどの細部をまっすぐ平らに切るときに使います。

⑧印花　文様をつけて装飾します。写真は自作のもの。

ふりかけ入れを作る

ふりかけや梅干しなど、主に食品を入れる蓋物を作ります。ロクロで成形する場合、本体を挽いた後、すぐに蓋を作ります。これは、ロクロで挽いた後は縮みやすく、時間をおくと本体と蓋の大きさが合わなくなってしまうため。本体の口径を針金で測っておき、その大きさに合わせて、すぐに蓋を作りましょう。蓋受けや蓋の作り方は様々なので、デザインに合わせて変えてみましょう。

俯瞰

側面

土　：島根土、楽土、信楽土のブレンド
焼成：中性炎焼成
釉薬：化粧土、蛙目系マット釉、麦釉

本体の成形

1 練った土をロクロに据え、手で叩いてよく締める。

2 土ころしをする。土を引き上げたり、押し下ろしたりすることで、均一になる。

3 親指で土の中央に穴を開けて広げながら、形を立ち上げる。

4 指を内側に入れて、ふくらみを出し、蓋受けとなる口辺の厚みを残したまま、挽き上げる。

5 へらで縁を内側に倒して、蓋受けを作り、指と皮で縁を整える。

6 こてを差し入れて底から側面を内側からならし、形を整える。

7 皮で縁をならす。

8 針金を使って、蓋がのる部分の直径を測り、しっぴきで切り離す。

●蓋受けの作り方

75頁のプロセス4～5で紹介した蓋受けの作り方は、本体上部に厚みを残して作る方法や、口辺を内側に折り曲げる方法があります。

ここでは、本体上部に厚みを残す作り方と、厚みを残さず折り曲げる方法を紹介します。1つはへらを使い、もう1つは指だけで行います。

1 口辺を挽き上げる時、厚くした場合はパターン1へ、厚みを残さない場合はパターン2へ。

パターン1（へら）

2 本体成形のプロセス5と同じ方法で、へらで縁を内側に倒していく。

パターン2（指）

2 縁を指で挟み、つまんでY字型の蓋受けにする。

蓋の成形

1 ロクロに土を据え、つまみの部分を残して、蓋の形に挽く。

2 針金を使って蓋の直径を測り、75頁のプロセス8のサイズよりやや大きくする。

3 縁を皮でならし、しっぴきで切り離す。

●ポイント

本体の口径よりもやや大きく作る。このとき、蓋受けのカーブと蓋の接する部分のカーブを合わせるのがポイント。蓋をやや大きめに作っておくと、ピタリと合います。

蓋の成形　応用編

蓋の成形は前頁で紹介した、つまみも同時に作る方法の他に、蓋の裏を上にして作る方法や、つまみを別に作り、後でつける方法もあります。

●蓋裏を上にして作る

蓋の裏を上にして成形する。生乾き後に蓋の表面のつまみを削り出す。

●蓋のみを作る

蓋のみを先に成形し、つまみは後で作ってドベでくっつける。

朱肉入れを作る

刳り貫きの技法で、内蓋のある朱肉入れを作ります。

刳り貫く際のポイントは、刳り貫く目印を決めたら、本体は印よりもやや内側を、蓋は印よりもやや外側を刳り貫くこと。こうすることで、蓋の開け閉めがしやすくなります。

また、刳り貫いたり、削ったところは割れやすいので、作業の度に棒や指を使って、しっかり締めておきましょう。

俯瞰（上面と内面）

側面

本体の成形

1 練った土を600～700g用意し、叩いて転がしながら四角くまとめる。このとき、天面を手のひらで回して丸みを出す。

2 タタラを重ねて切り出す位置に合わせ、しっぴきで引き切る。切る際にずれないよう、誰かに手で押さえてもらう。

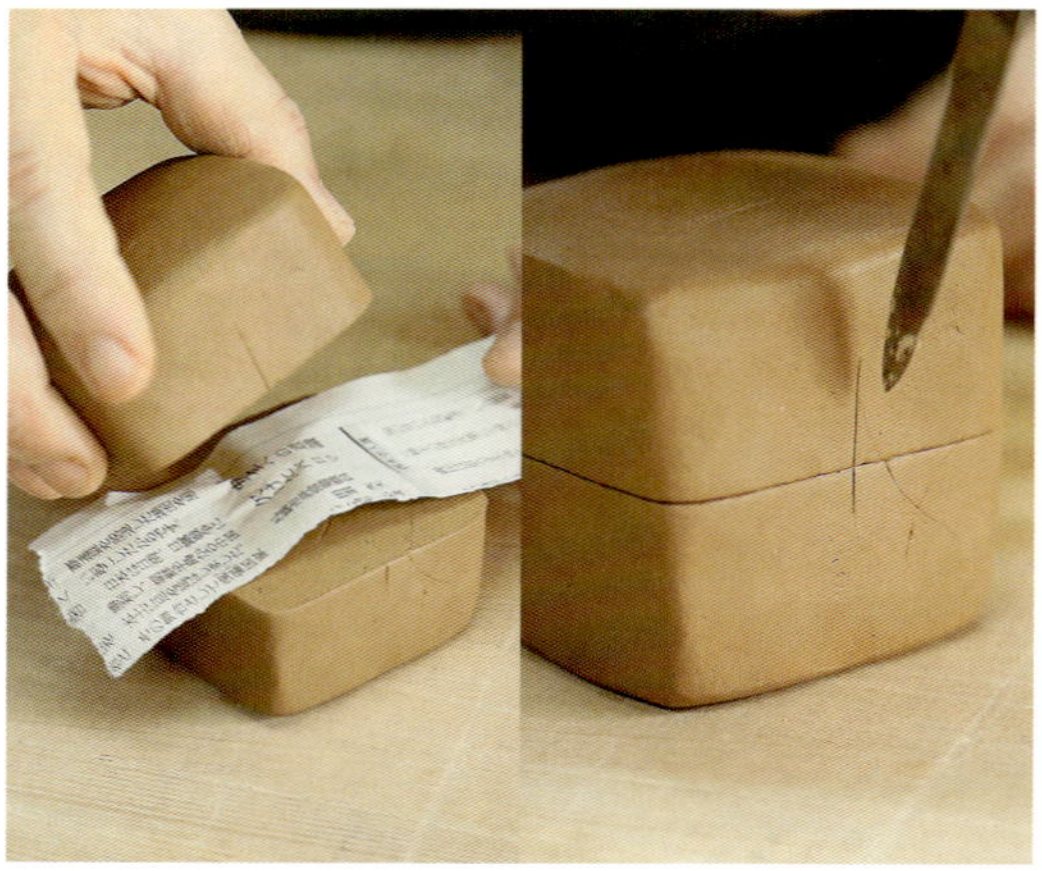

3 乾燥中にくっつかないよう、合印をつけてから蓋と本体の間に新聞紙を挟んで乾かす。

4 表面が乾いたら手ロクロに据え、刳り貫く目安となるものをのせて、剣先でアタリ（目安）をつける。

5 アタリよりも少し内側を刳り貫く。まず、かきべらを本体中央の真下に挿し込み、ツイストして土をかき取る。

6 刳り抜いた底は割れやすいので、棒で叩いて締める。

7 刳り貫いた縁の内側を刷毛で濡らし、歯ブラシでこすってドベにする。

8 太めのひもを作ってつける。太くするのは、蓋受けの縁の高さを出すため。

9
縁を指で挟んで締めながら形を作り、立ち上がった口は厚みを残しておく。

10
縁の周囲をへらで締めて、きれいにする。このとき、外蓋と蓋受けが接する部分に触らない。触ると歪みや変形を起こす原因に。

11
縁を内側につまみ出すようにして、内蓋の蓋受けを作る。

12
蓋受けの段差を棒で押し固めて、くっきりと形を決める。

内蓋の成形

1
親指で中央を凹ませ、平たいおはじきの形にまとめる。

2
縁をつまんで、蓋の形にする。

3
手ロクロの上に丸板を置き、その上にプロセス2で形を整えた蓋をのせて、縁を薄くする。

4
蓋受けの形に合わせて、剣先で縁の周りを整える。

3 へらを使って高さを測り、内蓋が収まるところまで刳り貫く。外蓋をしたとき、少し動くくらいの余裕を見ておく。

4 刳り貫いた底を棒で叩いて締める。

5 蓋がぴったり締まるように、蓋をしてから側面を棒でならして締める。

6 外蓋の蓋受けの一辺の中央を剣先で斜めに、向かい側は四角く切り取る。

5 つまみを作る。短いひもを作って、底を叩く。先端は弓で切る。

6 剣先でキズをつけたところを刷毛で少し濡らし、つまみを蓋につける。

本体(蓋部)の成形

1 刳り貫く部分のアタリをつける。さらに、少し外側に印をつける。

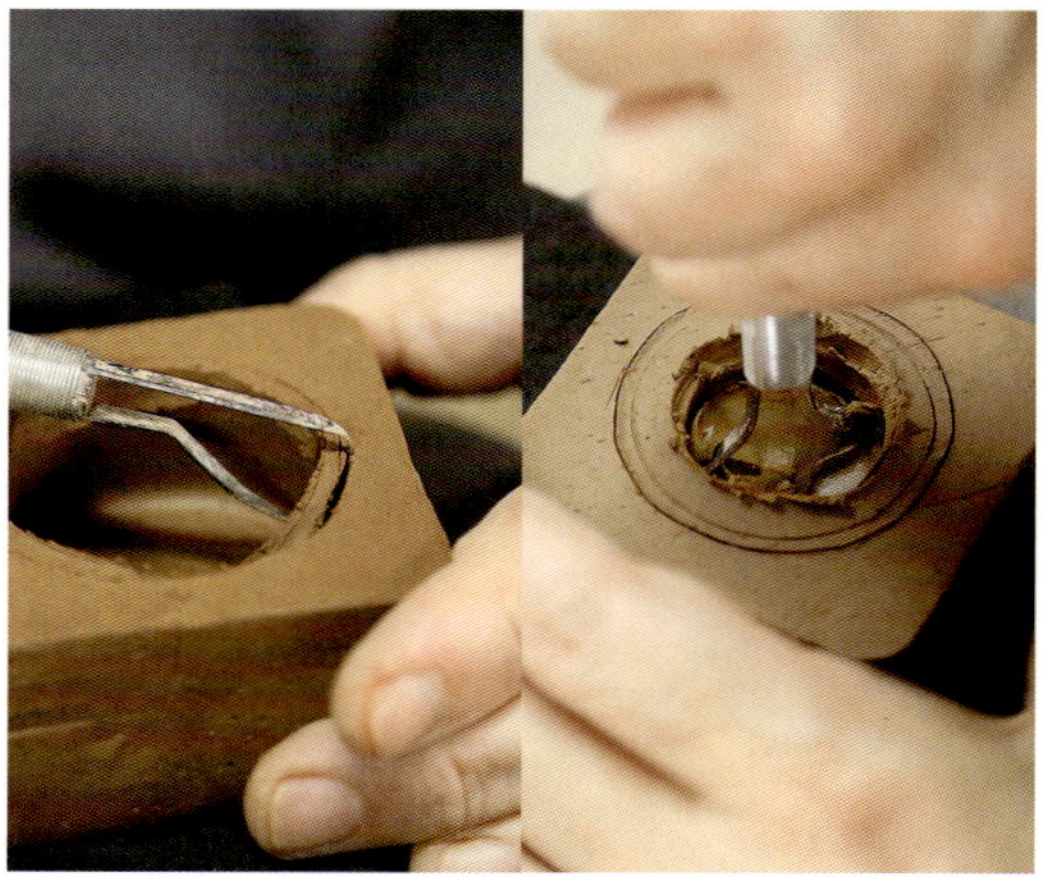

2 蓋の丸みをつぶさないように、手ロクロにスポンジをのせ、かきべらで刳り貫く。

7

蓋を閉めて切り取った周囲にキズをつけて、くっつきやすくし、濡らしたところに小さく丸めた土をのせる。

8

外蓋をして、のせた土をギュッと押しつける。片方にだけ印花を捺す。

9

余分な土を取り、蓋がかみ合うように形を整える。

10

内蓋が少し乾燥したら、穴の開いた板を用意し、つまみを下にして、縁周りやつまみをきれいに整える。

11

内蓋のつまみに印花を捺して、完成。このあと素焼してから施釉し、本焼きをする。

判子入れにも応用可能

基本的な作り方は、朱肉入れと同じく刳り貫きでの成形になります。中に収納する判子のサイズを確認し、必要な高さや内部の仕切りの寸法を割り出してから、制作しましょう。

俯瞰

側面

百田輝の作る器——無国籍な和の器

本書の講師である百田輝のうつわは、数多くの料理店、とりわけ和食の一流料理人の間で大変人気がある。和食器然としておらず、無国籍な雰囲気をすら醸し出しているように見える氏のうつわ。料理人を魅了する秘密はどこにあるのか。元麻布にある料亭「かんだ」を取材して探った。

料理人と陶芸家の共通点

元麻布にある「かんだ」は、日本料理の名店として名が通っている。しかし、いわゆる老舗のような日本料理店の趣とは異なる。室内に、ありがちな「和」のテイストを持ち込んでいないからである。こだわった内装に家具。その中で、陶芸家・百田輝氏の器が選ばれた。オープン当時からの付き合いだそうだ。

神田氏と百田氏には、分かりやすい共通点がある。一つは、郷里が同じ徳島。もう一つが、海外の滞在経験である。神田氏がフランス、百田氏がスペイン。それが、「和」という伝統を持つ世界で勝負しながら、別の風が吹き抜けているようで、それが独自の「和」として料理と器を結び付けている。

それはまるでバカンスのような、爽快感のある風で、日本的な湿度は感じさせない。それこそが、東京にあって、現代の日本人が落ち着く空間ということになるのだろう。優れた料理と器だからもたらすことのできる魔力でもある。

その器を作る百田氏は、２００８年に益子陶芸展において濱田庄司賞を受賞した。次頁の器は、その受賞作と同じシリーズ。その審査員評において、ある評論家は、緩やかなカーブを描いて凹面を形成し、分厚い皿との連動した存在感ある作品と述べた。この皿も、掛け流しの釉薬の動き、また化粧土や焼締めなど複数の要素が、作家の計算と火や土の生み出す自然の造形と重なり合い、力強い。この存在感を存分に生かして、しかも見目麗しい料理を盛り付けたのには、思わず歓声があがる。

板皿　高2.5　幅23.8　奥行13.0cm　撮影／中居中也（82〜85頁）

料理は足赤海老のオランダ煮。

四方皿　高3.5　幅26.0　奥行26.0cm

奥：
瑠璃釉水盤　高7.5　径29.0cm
片口　高4.0　径16.0cm
水盤に盛られた氷上に片口をすれ、冷酒が饗される。手前の小皿には、ひらめと菜の花の昆布じめ（手前）、からすみと大根（右）、白魚の餅子揚げとそら豆の素揚げ（左）。

料理と器の濃密な関係

神田氏が百田氏の器にこだわるきっかけとなった作品が、左の《岩礁》である。この作品から、自身の料理へのイメージまでつながったと言う。

料理店にとって「器」は、ある種の主張である。料理は盛り付けられてはじめて完成するものであるし、逆に言えば、器に入れられれば白湯も料理となる。このように主張の強い器を選んだ神田氏は、料理の創作性を常に楽しんでいるのだろうと思う。供される人間は、それを五感で愉しむのである。

一方、器を作る陶芸家にとっても「料理」は創作の半身とも言うべき存在である。時に能動的に、時に受動的に「料理」と共にあるからである。ここでいう能動的とは、陶芸家が器によって料理に挑戦する場合。ここでは、料理人は「器」に対して、創作イメージを膨らませる必要がある。反対に受動的とは、陶芸家が料理に合わせる場合。つまり、料理人があらかじめ持つイメージに陶芸家が寄り添うように創作していく。

《岩礁》 高33.0 幅40.0 奥行40.0cm

どちらの場合でも、陶芸家と料理人のコラボレーションであることには違いない。しかし、この二人の話を聞いていると、能動・受動のどちらも自然に分かち合う、濃密な創作関係を構築しているようである。

板皿 高2.5 幅12.5 奥行23.0cm

箱皿 高6.5 幅22.5 奥行17.0cm

取材協力

元麻布 かんだ KANDA

六本木駅から徒歩10分くらい、各国大使館も多い元麻布の閑静な住宅街にある。目立つ看板も掛かっておらず、まさに隠れ家的な店だが、2年連続でミシュランの三ツ星を獲得した、文句なしの名店である。来店の際には、事前の予約がおすすめ。

東京都港区元麻布3-6-34 カーム元麻布1F
☎03・5786・0150
営業時間：18時～ラストオーダー 22時
定休日：日曜・祝日

材料・道具ガイド

※価格はすべて２０１４年6月1日現在（税別）のものです。

本書では、くらしの器を作るためにさまざまな道具や材料が登場しました。ここでは、器作りに必要となる代表的な材料や道具を「素材」「成形」「装飾」「焼成」といった制作工程ごとに紹介します。材料店で人気の道具を中心に掲載したので、道具や材料を揃える際の参考にして下さい。

素材

陶芸は「土（粘土）」がなければ始められません。土は、成分やキメの細かさ、産地によって可塑性や焼き上がりなどが変わります。例えば、鉄分を多く含む土は赤く焼き上がり（赤土）、逆に少ない土は白くなる傾向にあります（白土）。また、キメの細かさを「メッシュ」という単位や荒目／中目／細目という言葉で表します。さらに、土を細かく砕いた後、水に入れて攪拌し粒度を揃えた「水ひ土」もあります。キメが細かく成形もしやすいので初心者におすすめです。

土の産地は全国に数多く存在しますが、一般的には扱いやすい信楽の土が広く利用されています。

なお、磁器の器を作るには、鉄分をまったく含まない「磁土」と呼ばれる土を使います。磁土は成形しづらいため、〝最初に使う土〟にはふさわしくありません。

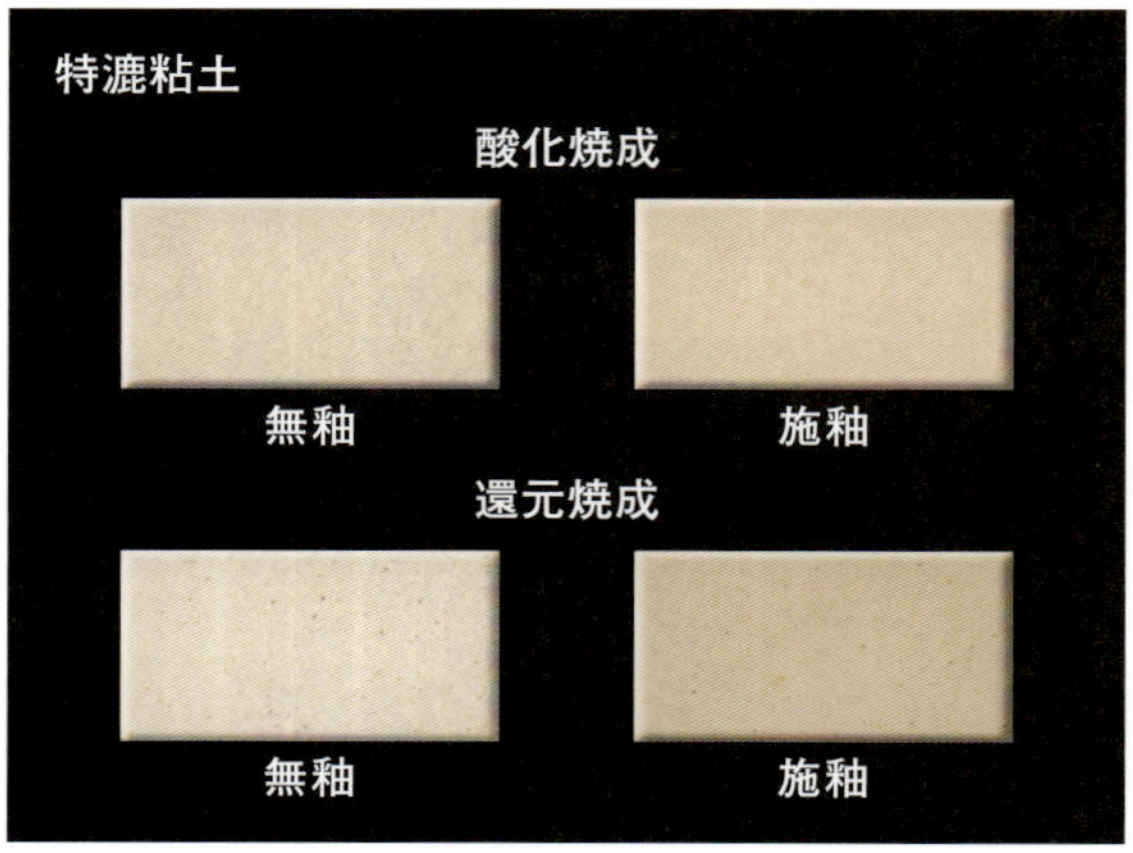

特漉粘土（粘土／並信楽土）
特徴：食器をはじめ、花瓶や傘立なども作成できる扱い易い定番の土。信楽土にしては白いところも魅力。陶芸教室でもよく使われている。
焼成：１２３０〜１２８０℃
収縮率：１３・０〜１３・５％
20kg　１７５０円

並漉粘土（粘土／並信楽土）
特徴：信楽土の中でも最もリーズナブルな土。土味を感じさせる色合いも人気の理由。
焼成：１２３０〜１２８０℃
収縮率：１２・５〜１３・０％
20kg　１４６０円

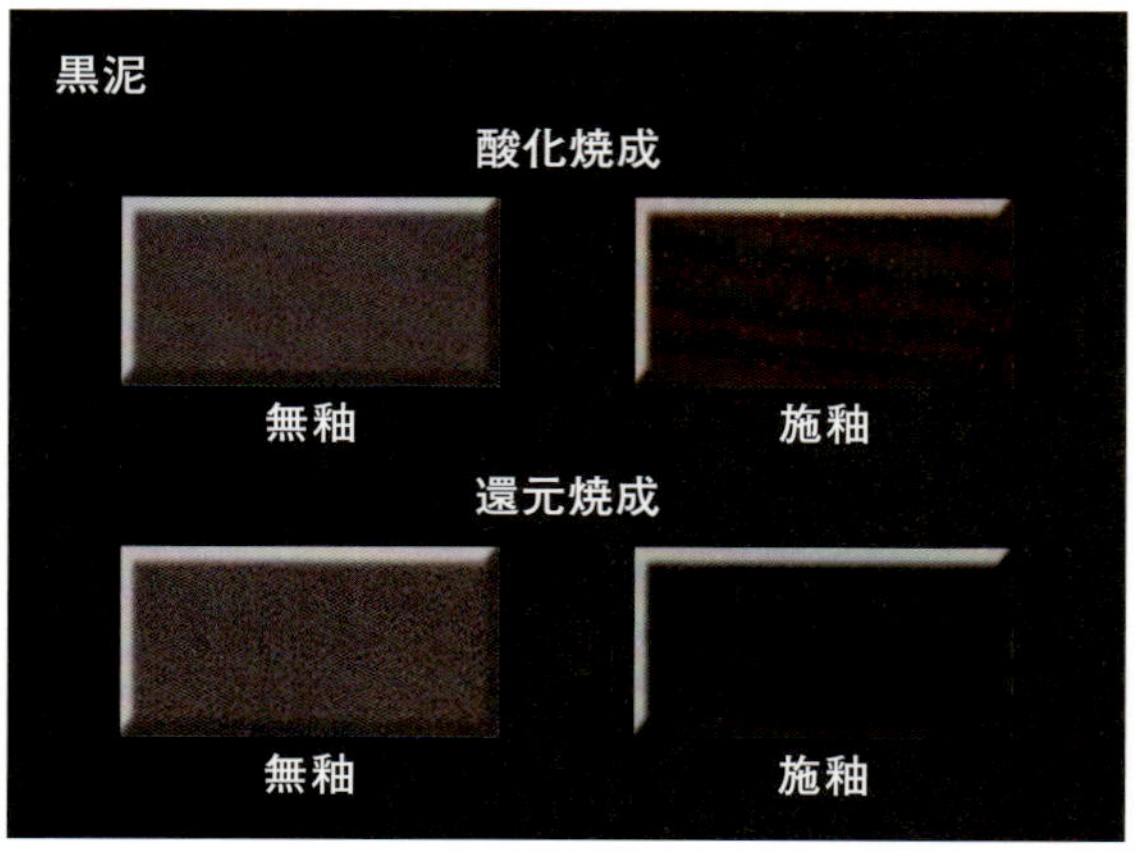

赤土3号（粘土／赤信楽土2）
特徴：焼きあがると、ほど良い赤味を呈する定番の赤土。赤土は1号から6号まであり、号が上がるごとに鉄分が増え、赤味を増す。
焼成：１２３０〜１２７０℃
収縮率：１２・５〜１２・８％
20kg　１８７０円

黒泥（粘土／黒土）
特徴：定番の赤土、白土（特漉）に続く、人気の黒土。土が黒く発色するため、白化粧や釉薬とのコントラストが抜群。
焼成：１２３０〜１２８０℃
収縮率：１３・０〜１３・３％
20kg　２７８０円

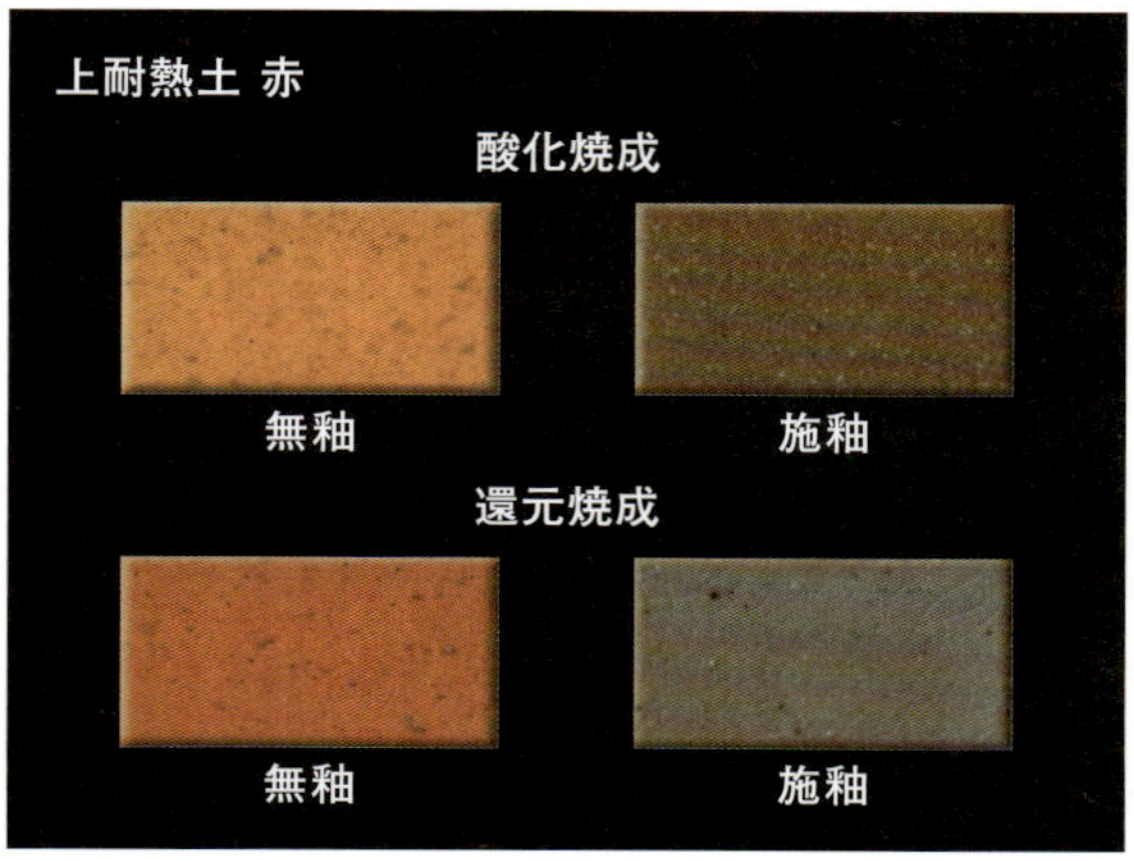

上耐熱土（粘土／耐熱・鍋土）
特徴：アフリカ産のペタライトがブレンドしてあるため、直火に強く、鍋土として使用できる。シャモットは少なめ。白と赤があるのでお好みで使える。

赤
焼成：１１７０〜１２３０℃
収縮率：１２・０〜１２・３％
20kg　３７３０円

白
焼成：１１７０〜１２３０℃
収縮率：１１・８〜１２・０％
20kg　３１００円

問合せ◎精土
TEL　０７４８・８２・１１７７
FAX　０７４８・８２・０７６２

成形

粘土をカップや皿などの形に成形するには、さまざまな道具が必要になります。なかでも「ろくろ」は最初に揃えておきたい道具の一つです。ろくろには、手で回して使用する「手ろくろ」、モーターを利用する「電動ろくろ」、足を使ってターンテーブルを回す「蹴ろくろ」の3種類があります。

手ろくろは、手びねりによる成形や施釉・上絵付などの装飾を行う際に使います。電動ろくろは、水挽きや口縁を整える際に最適で、同じ形の器を量産する際に重宝します。蹴ろくろは、蹴り板を蹴ってターンテーブルを回す伝統的なタイプのろくろです。成形する際に両手を使える点、回転がゆったりとしているので自然なろくろ目を引ける点から、現在でも愛用者が多くいます。これから陶芸に挑戦する場合は、まずは手ろくろを用意しておけば充分でしょう。

粘土を器の形にするには、ヘラやコテ、カンナといった小道具も欠かせません。これらの道具は、まず、セット売りされているものを購入しておき、その都度、必要なものを買いそろえていくのがよいでしょう。

また、陶土の塊から成形した器を切りはなすしっぴきや、タタラ成形をする際に必要となるタタラ板も最初に用意しておきたい道具の一つです。

●手ロクロ・蹴ロクロ

手廻しロクロ

型番:090601(2・3kg)
180φ×47H　5000円
型番:090607(7・3kg)
250φ×190H　11000円
型番:090610(18・5kg)
350φ×170H　28600円

問合せ◎シンリュウ
TEL　048・456・2123
FAX　048・456・2900

蹴ロクロ(電動アシスト付き)

型番:T0403020(60kg)
W485×D715×H500mm
164571円

問合せ◎竹昇精工 陶芸部
TEL　0533・69・4668
FAX　0533・67・1671

手廻しロクロ350φ×170H

●電動ロクロ

TP-250型(グット電気)

W480×D575×H450mm
ターンテーブル径300mm
ドベ受無　104000円
ドベ受付　111000円

RK-3D(日本電産シンポ)

W525×D582×H515mm
ターンテーブル径300mm
ドベ受付　135000円

RK-2プロ(日本電産シンポ)

W550×D640×H485mm
ターンテーブル径300mm
ドベ受無　172000円
ドベ受付　178000円

問合せ◎シンリュウ
TEL　048・456・2123
FAX　048・456・2900

電動ろくろRK-3D

●成形用小道具

切糸/鋼製弓/しっぴき
350円/325円/250円

タタラ板(10枚セット)
3/5/10mm　780~1350円

MRカンナセット(5本組)　2000円

平線カキベラ(5本セット)
200mm　2700円

平線コテベラ(6本セット)
210mm　2610円

牛ベラ(長型)
小/中/大　1950~2150円

柄ゴテ(袋物用)
小/大　875円/1000円

問合せ◎シンリュウ
TEL　048・456・2123
FAX　048・456・2900

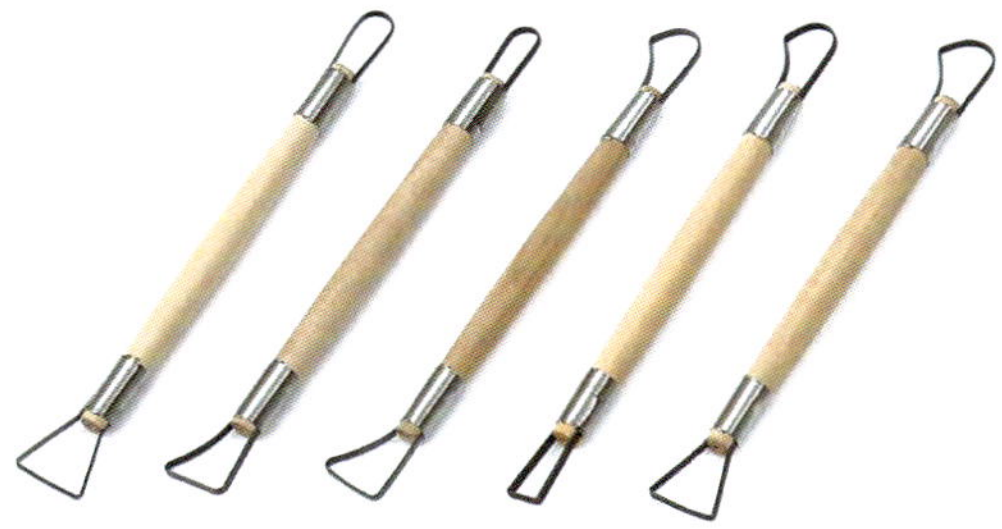

平線カキベラセット(5本組)

装飾

形を整えた粘土は乾燥後、素焼きして「釉薬」をかけて焼けばガラス質で装飾することができます。

　釉薬は非常に数多くの種類があり、それぞれ発色や質感などが異なります。加えて、同じ釉薬であっても、焼き方を変えるだけでできあがりも変わります。例えば、酸素が十分に足りている状態（完全燃焼）で温度を上げていく「酸化焼成」で焼いた場合、釉薬は全体的に明るい色合いになる傾向にあります。一方、酸素が足らない状態（不完全燃焼）のまま温度を上げていく「還元焼成」で焼いた場合は、暗めの色合いになります。

　釉薬でとりあえず揃えておきたいのが、「透明釉」です。無色透明なので、さまざまなことに応用できます。

　なお、器に彩りを添えられる材料は釉薬だけではありません。18頁のように、器を柔白色にしたい場合は、「化粧土」を利用します。また、器に細かい図柄を加えたい場合は、絵の具を使って直接「絵付」をします。器の絵付には、本焼前に行う「下絵付」と焼成後に行う「上絵付」の2種類があり、それぞれ専用の絵の具が用意されています。

　器に釉薬をかけるための柄杓や、穴をあけたり、文様をつけるためのポンス、印花など、装飾用の小道具も揃えておくと便利です。

●釉薬

透明釉（液体）
雰囲気：酸化◎　還元×
6種類（石灰、亜鉛、高光沢、半艶消、土灰、木灰）
1ℓ　1265～1495円

タルクマット釉（液体）
雰囲気：酸化◎　還元◎
5種類（白、白鳳、石灰、乳白、チタン）
1ℓ　1150～1610円

氷裂貫入釉（粉末）
雰囲気：酸化◎　還元×
5色（白、青磁、黄、桃、萌黄）
1kg　1265～1955円

問合せ◎精土
TEL　0748・82・1177
FAX　0748・82・0762

氷裂貫入釉（左上：白、右上：青磁、左下：黄、右下：桃）

●化粧土（泥）

化粧泥（白）　1ℓ　1440円
粉引化粧泥　1ℓ　1560円
御本手化粧泥　1ℓ　1920円
ナマ化粧泥（白）　1ℓ　1920円
黒化粧泥　1ℓ　1800円
空色化粧泥　1ℓ　1800円
ピンク化粧泥　1ℓ　1680円

●絵具

下絵具（チューブ）
7色セット　2800円
12色セット　4000円

上絵具（チューブ）
12色セット　4600円

問合せ◎シンリュウ
TEL　048・456・2123
FAX　048・456・2900

化粧泥（左上：白、右上：黒、左下：空色、右下：ピンク）

●装飾用小道具

剣先（帯鉄）
10㎜巾／19㎜巾　360／400円

印花（セット）
全4種類　1セット　各1400円

施釉用柄杓（銅製）
小／大　5400／7300円

イッチン（スポイト）
小／中／大　975～1540円

乳鉢（乳棒付）
60／180／300㎜　520～11800円

ポンス
5本組セット（ステンレス）　3000円
10本組セット　2100円

問合せ◎シンリュウ
TEL　048・456・2123
FAX　048・456・2900

ポンス5本組セット（ステンレス）

焼成

器の焼成には「窯」を使います。一般家庭や工房では、電気窯およびガス窯の2種類が幅広く利用されています。小型かつ軽量で値段も手ごろなのが、電気窯です。炉内には電熱線が張り巡らされており、その輻射熱で器を焼成します。温度などの制御はマイコン焼成装置で行うため、初心者にも扱いやすいのが魅力です。ただし、電気窯を購入する場合は、事前に電源を確認する必要があります。国内の一般家庭では使われていない200ボルトの電源を採用している機種もあり、その場合は別途電気工事が必要になります。

ガス窯は、ガスバーナーを使って温度を上げるタイプの窯です。実際の炎で焼成しますが煙が出ないところが人気です。ガスには、プロパンガスと都市ガスのいずれかを使うので事前に確認しましょう。

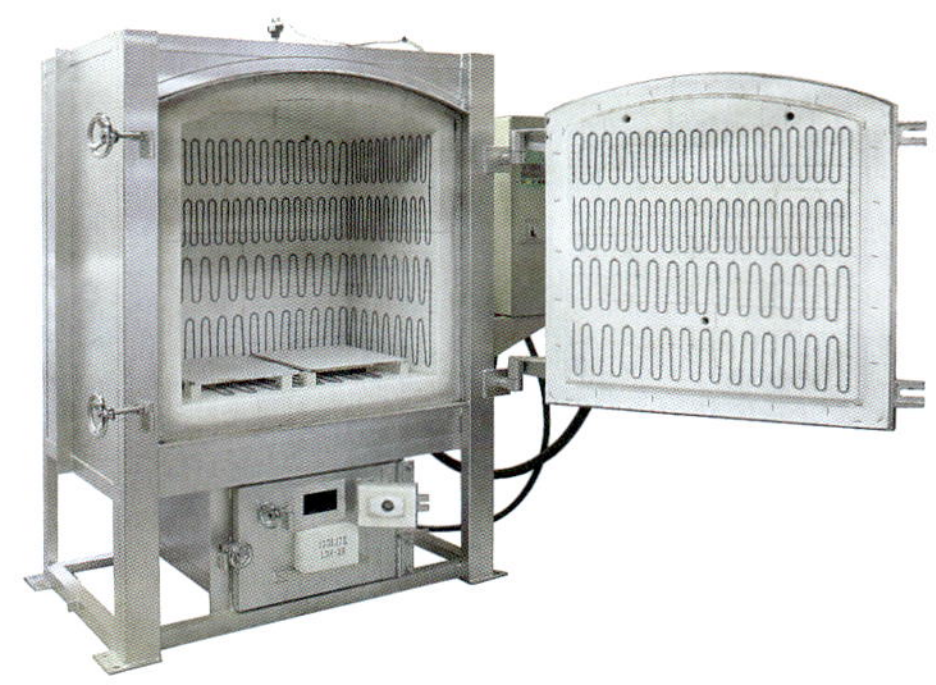

薪併用電気窯 MHR-20FE

●電気窯

薪併用電気窯 MHR-20FE

特徴：還元用ヒーターの採用により、耐久性に優れ、薪還元焼成に最適。ガス窯にはない独特の風合いが楽しめる。薪・LPGガス・都市ガス対応。

W850×D600×H810㎜／1.2t

棚板・L型支柱・サイコロ等が付属

2280000円

問合せ◎シンリュウ
TEL 048・456・2123
FAX 048・456・2900

極楽窯プロ40

特徴：同じ材料、工程で焼成すると毎回全く同じ作品ができる高性能な窯。気密性が高く温度ムラが少ない。研究機関等陶芸以外のユーザーも多い。

W400×D400×H400㎜／70.5kg

550000円

問合せ◎千代田セラミック商会
TEL 03・3268・7488
FAX 03・3268・4949

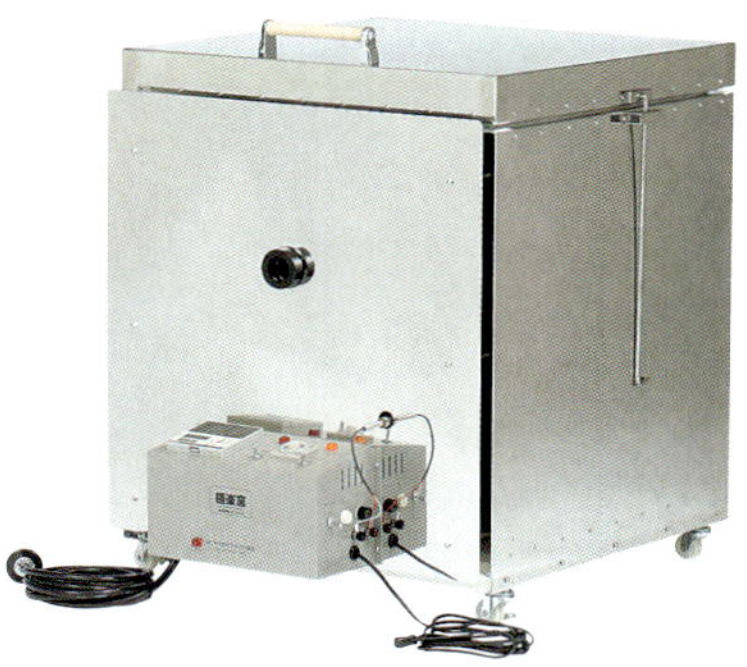

極楽窯プロ40

●ガス窯

窯名人KM-2セット（キャスター付）

特徴：断熱材にセラミックファイバーを使用。蓄熱損失が少なく急熱急冷にも強い。酸化・還元焼成両対応。

W400×D400×H450㎜／78kg

棚板・バーナーレギュレーター付

330000円

問合せ◎テクノヨコイ
TEL 052・704・1441
FAX 052・704・1438

MGK-D1シリーズ（5機種）

特徴：炉内完全密封など森下工業独自の構造により、すべての作品が同じように、思いどおりに焼き上がる。

0.2～0.5㎥（炉内容積）／約1.8～2.8t

棚板・支柱・ガス二次減圧装置付

1589000～2385000円

問合せ◎森下工業
TEL 052・771・8483
FAX 052・771・8555

窯名人KM-2セット （キャスター付）

●焼成用小道具

デジタル温度計セット MR-1
（熱電対1本・補償導線3m付）

0～1600℃
91800～114200円

L型支柱

15㎜H～300㎜H
145～1000円

棚板

250×250×8㎜～
400×450×8㎜
4420～14400円
230×300㎜／
300×350㎜（ムライト）
1680円／2600円

ゼーゲルコーン各種

1本 600円

問合せ◎シンリュウ
TEL 048・456・2123
FAX 048・456・2900

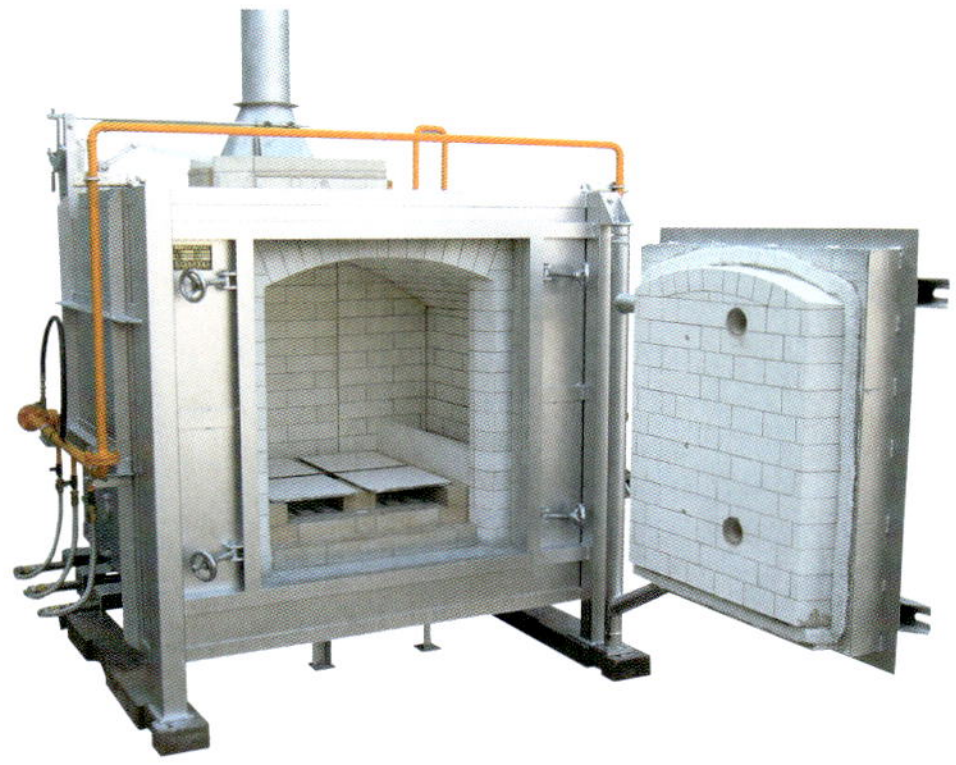

陶芸用ガス窯MGK-D1シリーズ （写真は$0.4m^3$）

登録商標 1815250

極楽窯
GOKURAKUGAMA

耐火煉瓦を積み上げ窯を築いていた30年前、ステンレスケースの極楽窯を見た陶芸家は「ご飯を炊くのと間違えてないか?」と言いました。

現在、稼動している極楽窯は約三千台、全国の窯元から一般家庭まで幅広くご使用頂いています。

＊プロ135通常装備デジタル温度計仕様

・高性能の耐火セラミックボード
断熱能力が耐火煉瓦の6倍 = 高性能のセラミックボードを炉壁に使用しています。「外寸法が大きい割りに作品が少ししか入らない」従来の窯に比べ、炉壁が薄く容量が大きいです。

・ヒーター線はカンタルA1
らせん状のヒーター線は長く、太く、省エネルギー・長寿命を実現しています。

また、炉壁溝に嵌め込み、U字ピンで固定しているため窯詰めが容易です。

・設置場所を選ばない
熱漏れがたいへん少ないため小中学校・公民館等の公共施設でのご使用例が多いです。もちろん、一般木造家屋・マンションでも問題ありません。

設置場所の床補強、周囲の断熱材なども一切不要です。

・還元焼成
適切な吸気孔と排気孔の配置で全機種、還元焼成が可能です。

・通常装備のデジタル温調器
温度保持=炙(あぶ)りのための精巧なサーモスタット、焼成速度をコントロールする電力調整器を装備しています。温度表示の誤差は1%範囲内、設定温度を知らせるブザー付です。 結晶釉・パートドベールに必要な「徐冷」が可能です。

・全自動温調器(オプション)
20ステップ・8パターンのプログラムが入力できます。お客様とご相談、お客様のご希望に沿ったプログラムで出荷しています。


当社は「極楽窯」の製造会社です。

誠意あるアフターケアを実行しています。

(株)千代田セラミック商会
〒162-0852 東京都新宿区南榎町27 本社・ショールーム
TEL:03-3268-7488 FAX:03-3268-4949
http://www.gokurakugama.co.jp webmaster@gokurakugama.co.jp

☆100V シリーズ は 一般家庭 電気工事なし で使えます。

100vシリーズ	SUNNY 1.4kw	SL-3型 1.5kw	プロ 125 1.8kw	プロ 135 2.6kw
総外径寸法	幅35cm×奥行61cm×高さ44cm	幅45cm×奥行53cm×高さ54.5cm	幅47cm×奥行62cm×高さ62cm	幅50cm×奥行65cm×高さ71cm
炉内寸法	18cm×28cm×深さ17cm·8.5リットル	20cm×20cm×深さ25.5cm·10.2リットル	25cm×25cm×深さ25.5cm·15.9リットル	30cm×30cm×深さ35cm·31.5リットル
重量	19kg(キャスター付)	20kg(持ち手付)	31.5kg(キャスター付)	40kg(キャスター付)
価格	213,840円 (税抜198,000円)	270,000円 (税抜 250,000円)	313,200円 (税抜 290,000円)	453,600円 (税抜 420,000円)

200vシリーズ	プロ 35 3kw	プロ 40 4kw	プロ 50 7kw	プロ 55 7kw
総外径寸法	幅50cm×奥行65cm×高さ71cm	幅69cm×奥行80cm×高さ82.5cm	幅82cm×奥行94cm×高さ95cm	幅87cm×奥行99cm×高さ90cm
炉内寸法	30cm×30cm×深さ35cm·31.5リットル	40cm×40cm×深さ40cm·64リットル	50cm×50cm×深さ50cm·125リットル	55cm×55cm×深さ43cm·130リットル
重量	40kg(キャスター付)	70.5kg(キャスター付)	120kg(キャスター付)	150kg(キャスター付)
価格	421,200円 (税抜 390,000円)	594,000円 (税抜 550,000円)	885,600円 (税抜 820,000円)	918,000円 (税抜 850,000円)

陶芸入門講座

陶芸入門講座

陶芸をはじめよう

これから陶芸を始める方、陶芸経験者だけれども作陶に必要な技法を体系的にマスターしたい方に最適な1冊です。本書では、作陶の全行程を「成形編」「装飾編」「釉薬編」「焼成編」の4つの項目に分類し、写真付きで詳しく解説しました。陶芸教室で教わるほぼすべての技法が、この1冊に凝縮されています。

本書で紹介している主な技法
- 土練り、玉作り、ひも作り、タタラ作り、ロクロ作り
- 素地の装飾、化粧土による装飾、下絵付、上絵付
- 釉薬の基本と種類、釉掛け、オリジナルの釉薬の調合
- 陶芸窯の種類と仕組み、電気窯による酸化・還元焼成、窯変、楽焼の作成

定価：本体3,000円＋税／A4変型判

陶芸入門講座

陶芸をはじめよう

材料・道具篇

本書は、「陶芸入門講座　陶芸をはじめよう」シリーズの続編で〝材料と道具の使い方〟を紹介するものです。

陶芸の材料や道具は、窯業地で使われてきた土や釉薬などの伝統的なものに、輸入品のカラフルな顔料なども加わり、非常に多種多様です。様々な材料・道具の中から、基本的なものを選び、その使い方を紹介します。

また、手ロクロやレンガ窯など、自分でオリジナルの道具を作る方法も取り上げています。

陶芸技法を学ぶときに、ロクロやカンナなどの使い方は重要なポイントです。

「陶芸を始めよう」と合わせて、〝陶芸入門講座〟はこれで完結します。

定価：本体2,300円＋税／A4変型判

陶芸入門講座

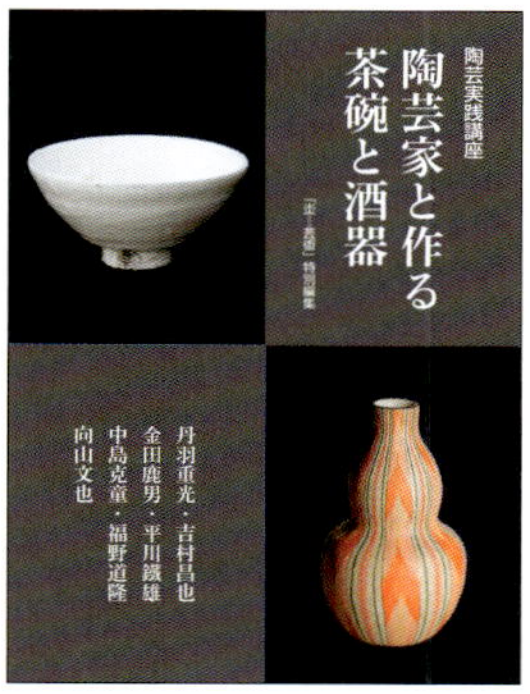

陶芸実践講座
陶芸家と作る茶碗と酒器
器の中でも特に人気の、茶の湯の茶碗と酒器の作り方を紹介。プロならではのテクニックが満載。
定価：本体2,000円＋税／A4変型判

工芸入門講座
漆の技法
修復法の金継ぎをはじめ、蒔絵、螺鈿、卵殻、乾漆技法を紹介。これから始める人に最適の1冊。
定価：本体2,300円＋税／A4変型判

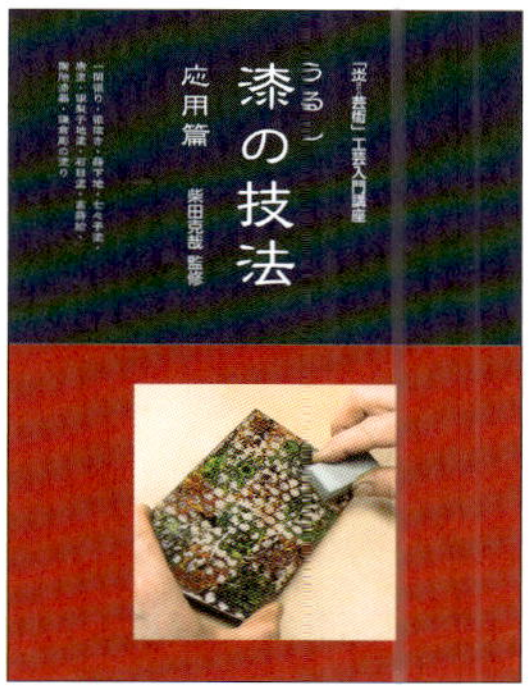

工芸入門講座
漆の技法　応用篇
「一閑張り」「張抜き」「蒔下地」「七々子塗」「唐塗」「鎌倉彫の塗り」など漆の応用技法を紹介。
定価：本体2,300円＋税／A4変型判

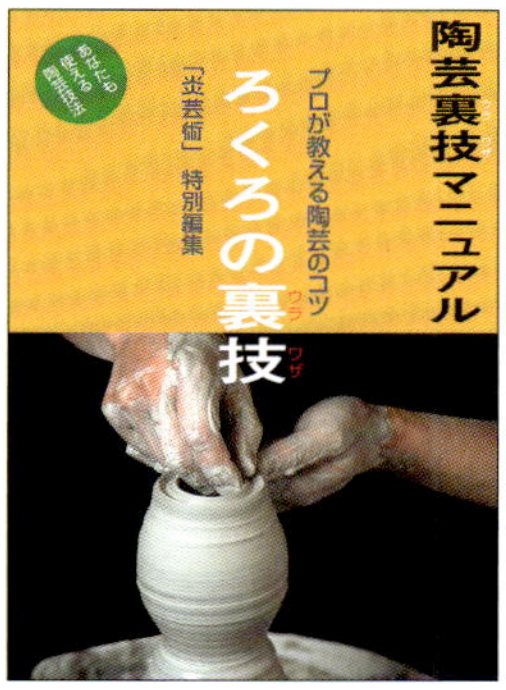

陶芸裏技マニュアル1
ろくろの裏技
アマチュア作陶家のために、プロの陶芸家の「ろくろ」の裏技を大公開した技法書。
定価：本体2,381円＋税／B5判

陶芸裏技マニュアル2
手びねりの裏技
手びねり、ひも作り、板作り、型起しなどの技法で個性的な自分だけの作品を作ります。
定価：本体2,381円＋税／B5判

陶芸裏技マニュアル3
釉薬の裏技
自分だけの釉薬を作ってみたい、と思うアマチュア作陶家のための基礎となるガイドブック。
定価：本体2,381円＋税／B5判

陶芸裏技マニュアル4
窯と焼成の裏技
陶芸窯の選び方と焼成の基礎知識から実技までを人気陶芸家が解説・指導します。
定価：本体2,381円＋税／B5判

陶芸裏技マニュアル5
食器作りの裏技
食器作りに定評のある4人の陶芸家がトンカツ皿、湯呑、飯碗、マグカップなどの作り方を紹介。
定価：本体2,381円＋税／B5判

陶芸裏技マニュアル6
陶芸裏技の鉄則
裏技マニュアルシリーズの要となる62テクニックを集成。全プロセスの作陶のコツが満載。
定価：本体2,381円＋税／B5判

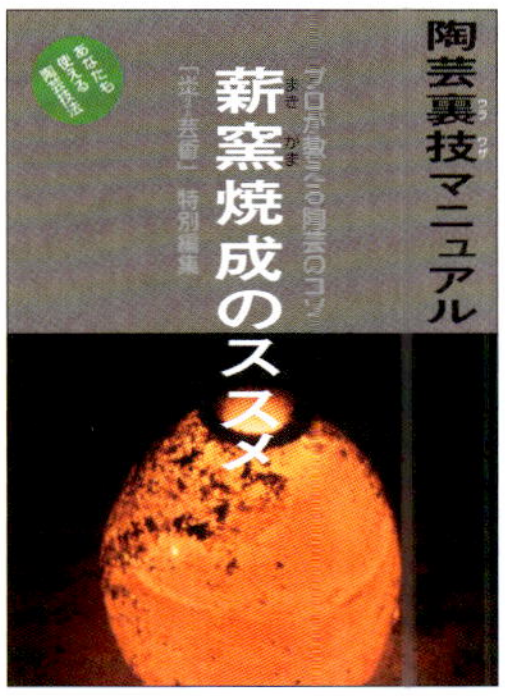

陶芸裏技マニュアル7
薪窯焼成のススメ
プロの陶芸家の窯の作り方や、薪窯での焼成法、土や成形について指導します。
定価：本体2,381円－税／B5判

陶芸実践講座
くらしの器を作ろう

2016年9月15日　初版第2刷発行

発行人　阿部秀一
発行所　阿部出版株式会社
〒153-0051
東京都目黒区上目黒4-30-12
TEL：03-3715-2036
FAX：03-3719-2331
http://www.abepublishing.co.jp
印刷・製本　アベイズム株式会社

ISBN978-4-87242-348-8　C3072